united p.c.

Gedrukt in de Europese Unie op milieuvriendelijk gebleekt papier, geheel chloor- en zuurvrij.

www.united-pc.eu

GEDICHT VOOR ONZE (KLEIN) KINDEREN

een gedichtenbundel van

THGK

VOORGEDICHT PART 1:

Voor Nuun. (trouwdag 10 juni 2008)

Plots stond je daar
aan de rand van het nest.
De vleugels uitgeslagen
voor je eerste vlucht.
Wij keken lachend naar je
wat waren wij trots.
In je allermooiste kleren
op weg naar volwassenheid.
In je allermooiste kleren
op weg naar verbondenheid.
Samen met je man
op weg naar verbondenheid.

Want Nuun daar is nu een ander
die dag en nacht over je waakt.
Misschien dat je morgen zal beseffen
dat liefde je breekt of je maakt.
Kijk op de grond naar de gevallen veren
van de schaduwen van voorbije dagen.
Volg altijd je hart en weet dan
dat wij nooit om een uitleg zullen vragen.

Het eens zo vertrouwde nest
werd veel te klein voor jou.
Je maakt nu je eigen nestje

met Ronnie, waarvan je houdt.
Na deze speciale morgen
zal de rest van de dag veranderd zijn.
In je allermooiste kleren
op weg naar geborgenheid.
In je allermooiste kleren
op weg naar volwassenheid.
Samen met je man
op weg naar een eeuwigheid.

Daarom vliegen wij nu weg
zonder jouw onder onze vleugels.
De schaduwen van het verleden
achtervolgen ons tot diep in ons nest.
De veren die wij achterlaten
tonen de weg die jij nu moet gaan.
Op weg naar volwassenheid
op weg naar gebondenheid.

Liefs,
Papa en Mama

DE BEER EN HET SERVIES

Het gevoel is hoogstaand
en wel van zo een soort
dat hoger is dan de hoogste bomen,
maar lager is dan de hoogste woorden.

Een invloedrijke schaduwzijde,
de gedachten van een beer in een porseleinkast,
die de scherven zullen verblijden
bij het zien van een zo'n grote kwast.

Een gebonden roos voor de deur
voelde nattigheid tot aan zijn voeten.
Het wilde heel geen gezeur
al vond de beer dat dat wel zou moeten.

Het gebeurde dus in die kast,
dat de beer rond stampte met zijn grote poten.
Het porselein, dat net afgewassen was,
rammelde als een stelletje idioten.

De kopjes vlogen van de planken,
de schotels vlogen door de lucht,
de lepeltjes werden geraakt in hun flanken,
de scherven op de grond waren zeer geducht.

De beer bleef maar stampen en stampen,
hij stampte de hele nacht door.
Zo erg zelfs dat het beest begon te dampen

en vallende druppels zweet als een achtergelaten
spoor.

Zo’n nacht duurt lang moet je weten,
niet alleen voor het servies maar ook voor de beer.
Pas nadat alles op de grond was gesmeten,
zagen wij die beer nooit meer.

DE HOND VAN EEN KARDINAAL

De pauselijke gezant en een kardinaal-
in het jaar des Heren 1984, 25 maart
om precies te zijn, wilden in de nacht
de paus een aantal brieven schrijven,
een beetje aangeschoten, verward
om hun geheugen wat op te frissen,
terwijl geesten om hun hoofden
vlogen: ik vertaal nu even de woorden
van de schrijver: hij schreef letterlijk,
om zijn taak te heroverwegen.

Een bruine labrador, enorm zwaar
met vurige ogen en hangende oren,
altijd vastgeplakt op de grond, wilde
juist die nacht op schoot springen,
maar sprong mis, waardoor de langoor
onder de tafel van de pauselijke gezant
dook, die nog steeds zijn brieven schreef,
en in stilte de Heer aanriep in
doodsangst en respect, terwijl zijn
misdienaars iedereen bij de namen riepen
om zo de hond uit de kamer te verwijderen.

Maar waar zij ook zochten, zij vonden
de hond op geen enkele plaats liggen,
waardoor de kardinaal zijn ogen sloot,
bewusteloos viel, er ziek van werd
en uiteindelijk er aan dood ging.

Eenmaal liggend in zijn kist,
terwijl de steenhouwers aan zijn laatste
beeld werkten in marmer en graniet,
schreeuwde de gezant van de Paus:
“Wat is dat voor een bobbel,
is dat de kop van zijn hond, niet?”

DE KONINGIN EN DE LEEUW

De koningin was een zachte vrouw, die van de liefde hield.
Op een dag toen de koning zich buiten het paleis bevond
was het dat zij haar knecht naar een dorp nabij zond.
Hij moest zoeken naar iemand die was bezield.

Een machtige leeuw klopte als eerste aan bij het paleis
en wilde zich een ingang naar binnen forceren.
De wachters hielden hem tegen, dat zou die leeuw wel leren
want de liefde met een leeuw te bedrijven was niet goed wijs.

De gedachten daaraan was haar niet te benijden,
de edelen geschokt en bij de koningin was het dat zij haar trots verloor.
De edelen vroegen of zij niet een beetje was ontspoord
door zich door een leeuw te willen laten berijden.

En waarlijk, de show was haast als een wonder,
lef en liefde was nu eenmaal haar niet te onthouden
in de uren dat zij zich bezig heeft gehouden
met de leeuw naar boven en zij lag er onder.

De leeuw haalde aan met zijn enorm grote klauw,

zij gaf liefdesbeetjes in zijn machtige lijf.
Daarmee wilde zij zeggen, ach, leeuwtje, toe blijf
dan behoor ik een aantal uren aan jou.

De koning, ook niet om een praatje verlegen,
reed naar de dichtstbijzijnde stad.
Niet om wat te kopen, maar daar zat zijn schat
die kwam hij een paar maanden plots tegen.

Zij lachte naar hem en met een paar heldere ogen,
liet ze hem voor eeuwig naar haar verlangen.
Hij gaf haar eerst een paar voorzichtige kusjes op
haar wangen,
alvorens haar de hemel hier op aarde te beloven.

Nu hebben de koning en de leeuw dezelfde inborst,
ze zijn gelijk aan elkaar in eer en geweten.
Leven alleen voor de liefde die zij zichzelf hebben
aangemeten,
dat heeft deze dichter voor u uitgezocht..

DE KRAAGHAGEDIS

Op een kronkelige weg
zag ik een mooi gekleurde hagedis
(net zo groen als een alligator)
zijn zonden te overdenken.
Met zijn grote, groene hanenkammen,
als een lange cape van de duivel,
beleed hij al zijn zonden
terwijl zijn groene kraag verstijfde,
toen hij met zijn kop naar de hemel keek
zoals een professor doet bij nadenken.
Zijn grote opzij staande groene ogen,
even gebroken als de ogen van een artiest,
overwon hij de macht van de middag
geschokt als hij was.

Is dit nu alles, mijn knul?
Is dit nu jouw duistere kant?
Gebruik toch je verstand,
ondanks je leeftijd, hagedis.
Jouw kinderen uit de sloot
laten jou toch nimmer stikken?
Wat zocht je dan op deze weg,
jij kleine, groene filosoof.
Nu jouw ongebreidelde fantasie
in deze kronkelige wegen
de horizon in delen laat zien.

Ben jij op zoek naar dc blauwe waarheid

van het stervende hemeldak boven onze hoofden?
Van een licht flits van een ster in het oneindige?
Of meet jij misschien de geluidsterkte,
die tussen oor en hemel te horen is?
Zie jij soms de trillingen van stervende sterren,
die tussen planeten en sterren heen en weer gaan?
Of geniet je van het koddige gefladder van de vogels,
die tussen hemel en aarde vrij in de lucht vliegen?

Met jouw grote ogen zie je de zon opkomen,
je ogen glimmen bij het zien van zo veel zonlicht,
jij, gladiator van de kikkers, libellen en sprinkhanen,
en met wat enige menselijke trekken.
Jij, gondel met kriebelige roeiriemen onder je
lichaam,
leeft in de schimmige tijden van de dag
in de stromen van het brakke water
door de spiegel van je ziel.

Was je op zoek naar je mooie hagedissen koningin,
even groen als de dekbedden van velden,
waarop schapen en koeien graag grazen mogen.
Zoek je haar met haar lange lokken
van groene, grijze slapen in het water,
die jou geraakt heeft diep in jouw ziel en hart,
maar jou achterliet in het veld der eer.
De idylle gekraakt, je hart gebroken,
jouw leven staat op het spel,
er mag geen dag worden gewacht.
Maar leef en wat voor de drommel,
ik mag je en wil je helpen.

Nu de zon langzaam vervaagt achter de bergen
en zijn licht alleen nog daar laat schijnen
en de kudde wolken zich om hem heen verzamelt,
is het in dit uur dat jij zal verdwijnen:
volg deze droge, kronkelige weg
en laat je overdenkingen voor wat ze zijn.
Dan heb jij weer tijd om naar de sterren te kijken
en te zien hoe mooi zij eigenlijk zijn.
Terwijl de wormen zich een weg zullen banen,
als zij allemaal door jou op vakantie zullen gaan.

Ga naar huis, beste hagedis,
ga naar het brakke water, ga waar je kinderen zijn.
Ga nu snel voor het weer licht wordt
en jij weer wegzinkt in herinneringen.
Ga, mijn beste vriend.
Ga, mijnheer de hagedis.

Nu is de weg weer vrij van wezens en leeg,
de bergen lijken te slinken, het water lijkt te groeien.
Slechts nu en dan hoor je de vissen naar lucht
happen,
slechts nu en dan hoor je vogels hoog in de bomen
in het duister hun liederen galmen.
Slechts nu en dan roept een koekoek om zichzelf
hoog in de toppen van bekende bomen.
De weg ligt bezaaid met herinneringen, maar is leeg.
Ik denk dat ik maar verder zal gaan.

DE PAUS EN ZIJN SCHIM

Wat? Hij om wie de stemmen het hardste roepen
heeft de laatste boot gemist, terwijl zijn leven pas
is begonnen, zijn Vader verdiende tenminste nog
eerlijk zijn brood.

Een vissersman, veel groter dan in het boek,
geeft een les in het wel zijn der mensheid
en wordt de Herder, en alle proesters en bisschoppen
aanbidden Zijn naam.

Ze zien hem aan en geen schriftgeleerde herkennen
hem. Zij roepen schande en oneer over hem uit
en vinden hem Gods zoon onwaardig, zij verklarem
tot de dood.

De één besmukt hem, de ander lacht hem uit
langs de kant van de weg staan ze te joelen
en gillen het hardst bij zijn 40 zweepslagen
op zijn ontblote rug.

Niet Hem, zijn lankmoedig hart, maar ik
heb hem die straf gegeven, door de ondergang
van de kerk, gedreven door rechtlijnigen
de paus voorop.

Dus de paus was, als de schriftgeleerde,
toen de zweepslagen zijn rug uitéén reet
de heiligdom onteert, terwijl de paus zei

Mea Culpa, mea culpa!

DE SPRINKHAAN EN ZIJN MUZE

Ze lag daar in het verse groene gras,
ik zag haar al van verre liggen.
Ze voelde de juni zon op haar huid prikkelen,
haar stem lui en warm zoals zij was.
De bijen bleven zoemend bij haar,
haar roep was overduidelijk.
En hij, die bij haar in de buurt bleef,
deed dat heel ogenschijnlijk.
Zelfs de kaarsen van de eiken
kwamen veel te vroeg naar buiten.
Ze hielden van de zon en van haar
voor wie zij immers zo vroeg fruiten.
En in de spaarzame stiltes
die aan iedereen voorbij ging
kwam een sprinkhaan voorbij,
die zijn liefdeslied voor haar zingt.
“Oh liefdevol, tenger liefje
jij behoort mij en mijn hart.”
Met zijn sterke, grote achterpoten
speelde hij een symfonie van Mozart.
Beiden genoten van de zonneschijn,
zij op het gras en hij met veel liefdespijn.
Toen stond zij op en verliet de plaats
waar de sprinkhaan ontsteld achterbleef.
Zij hoorde hem niet zingen, ze zag hem niet staan
dat het hem tot zelfdoding dreef.
Daar ligt hij nu op het gras,
stil, spierwit terwijl hij ooit zo levendig was.

DE VREDESMARS DER MUIZEN

I

In het mooie stad Voorburg
dicht gelegen bij de stad Den Haag,
ligt Scheveningen niet ver af, met de zee open en wijd.
Met een rij duinen tot aan Noord Holland,
geen plezierigere plek om ooit te zijn
Maar bij de intrede van de lente
en het gras steeds groener wordt,
dan ziet men meer mensen er lopen
van elk deel van dit land.

II

Roetsj!
Honden en katten vechten overal
onder de wiegen van onze kleintjes.
Zij aten kaas vanuit de kaasstolp
en vraten het vlees van de schalen op.
Zij openden de vaten met dure wijnen
en plasten het in alle hoeken weer uit.
Zij vernietigden al het werk van moeders
als zij hun spruiten voedden.

III

Toen dan ook de inwoners vluchtten naar het stadhuis,
elk van hen achtervolgd door een witte muis,
toen was het genoeg, ook voor de politiek.
Zij allen riepen in koor: “Zo worden de mensen nog ziek!
We halen alle delen van het leger er bij,
die zorgen er wel voor dat we worden bevrijd!
Dat is het beste dat we ooit hebben bedacht,
een heel leger die een kracht weer ontkracht.”
En zo wilde het gebeuren
dat het leger om muizen kwam zeuren.

IV

Nog geen uur was er voorbij gegaan
of men was tegen het leger opgestaan.
Iedereen schaamde zich en sprak er schande van,
dat het leger van zo veel geweld gebruiken kan.
“Zegen de muizen!” zo werd plotseling gezegd.
“Geweld tegen muizen, dat is pas slecht!”
Maar dit kabinet, ook niet op het achterhoofd gevallen,
riepen: “Jullie lopen als beschonken hufters te lallen.
Wij zijn gekozen door op ons te stemmen,
nu kunnen jullie ons niet meer af remmen.

V

“Make love, no war!” stond op papier geschreven,
wij eisen dat de muizen bij ons blijven leven.
Breek de geweren in twee

en redt daar weer een muis mee."
De muizen nu werden opgedweept
en liepen in protest, twee aan twee.
En niemand legde hun een stro breed in de weg.
Het leger keek vreemd op, maar niets werd gezegd.
Ook het schieten op de muizen was opgehouden,
zodat het bestand van de muizen in stand werd
gehouden.

VI

Zo kan het gebeuren dat in uw huis
een nakomeling woont van een muis,
die de verschrikkingen in levende lijve heeft
meegemaakt,
en voor deze muis heeft plaatsgemaakt.

EEN LIED VAN DE FEEEN

De feeën zongen een wonderschoon lied
het waren de kabouters
zij luisterden niet.
De elven in hun bruidsdagen waren
op de muziek aan het dansen
onder de brug.
Het lied door vele monden gezongen
had een tekst van weinig woorden
maar sprak wel velen aan.
Wij die niet echt bestaan, wij zijn oud en grijs
oh zo oud en grijs.
Duizenden jaren en even veel vertelsels
zijn nog niet allemaal verteld.
Zeg het tegen de kinderen, geef de wereld een kans
door stilte en met liefde
te verspreiden.
En in de kleine uurtjes van de nacht
als de sterren weer schijnen
dan komen wij tevoorschijn.
Wij geven de kinderen van deze wereld
onze woorden met hen mee
door toverzand te strooien.
Dat geven wij aan deze kinderen
dat geven wij de wereld
dat geven wij aan iedereen mee.
Zijn nu jullie angstige voorgevoelens
nu eindelijk voorgoed verdwenen
vertel het ons.

Wij die niet echt bestaan, we zijn oud en grijs
oh zo oud en grijs
Duizenden jaren en evenveel vertelsels
zijn nog niet allemaal verteld.
Vertel het door, vertel het door
misschien dat er een dag komt
dat men in ons gelooft
ver van de volwassenheid
opgesloten in de jeugd.

FEEEN EN DROMEN

De feeën, kolderiek en meestal verzonnen
uit een ver verleden ooit ontstaan,
door de nachten de dagen overwonnen
om langs alle mensenkinderen te gaan.

Zij gaan langs alle huizen
en met hun staf openen ze alle deuren
daar zullen ze alles uitpluizen
om geluk bij de mensen wat op te beuren.

Ligt u dan lekker te slapen
dan komen de feeën bij u langs.
U heeft dan niets in de gaten
en geven zij iedereen een zoen op de wang.

Heeft u dan wat stouts gedaan,
dan roepen de feeën: “Schande!” in koor.
Vliegensvlug zullen zij dan weer weggaan
en u heeft nog steeds niets door.

Gestolen goed gedijt bij hen nog steeds niet,
behalve dan hun gestolen kussen
en dan alleen nog als de kans zich aanbiedt,
waarop zij met zijn allen op focussen.

Als het bed dan dobberend de wereld rondgaat
en de slaap in een diepe slaap overgaat,

dan komen de feeën, kolderiek maar meestal verzonnen
en hebben de nachten de dagen overwonnen.

GEBOORTE VAN EEN SPROOKJE

Heb ik het gezien? Jazeker!
Het kind werd gebaard door een engel.
Ik keek neer op haar donkere krullen
en ik zweer, dat haar lichaam
weer tot rust kwam.

De dokter zei, dat het goed was
en dat ik wel weer mocht gaan.
Maar ik wilde tot het einde blijven
pas dan zal ik me terugtrekken
En ze begon te stralen en te lachen
met haar lach als een bloem
het was haast niet te aanschouwen
maar ik heb het gezien.

Kan ik er over zingen? Jazeker!
Over de geboorte van een engel,
maar ik laat haar liggend rusten
en zeg zo min mogelijk tegen haar
tot ze weer tot rust komt.

De muur, het plafond en de gladde vloer
zij hebben allen dezelfde kleur.
Een open deur, snelle voetstappen ,
een gevoel van ‘gewichtloosheid.
Vele onbekende handen met gezichten onbekend.
Stemmen als van onder water,
stevige onderkant en een zacht kussen

Ik lig plotseling op bed.

HET ELVENLIED

(Dit lied zingen de elven onder de blauwe lucht,
als elfjes gaan trouwen.)

Wij zijn zo oud als de oudste dagen
of misschien nog wel ouder.
Duizend jaren of nog langer
zo werd ons verteld:
Wij geven deze kinderen,
de nieuwkomers in deze wereld,
het zwijgen en onze liefde.
Dat de lange, donkere uren van de nacht
met alle diamanten sterretjes,
hun de rust moge schenken die overdag ontbreekt.
Wij geven deze kinderen,
de nieuwkomers in deze wereld,
het schuilen voor de menskinderen.
Is er iets beters? Is er dan nog iets beters?
Vertel het ons, als je kunt.
Aan ons, die zo oud zijn als de oudste dagen
of misschien nog wel ouder.
Duizend jaren of nog langer
zo werd het ons verteld.

HET KONINKLIJKE ORKEST ZWIJGT!

1

Het Koninklijke Orkest zwijgt,
de Keizers van muziek, zij die geliefd zijn door de Hemel
wier muziek haast Hemelse akkoorden krijgt
door muziek recht uit het hart geschreven
vertraagd door tranen komen de noten tot leven.
Mannen van staal verweekten,
deugden druppelden bij hen binnen
met hun oren dichtgeklonken konden zij slechts smeken
door zachtjes maar uit volle borst te zingen,
tot de harpen hen tot zwijgen kregen!

2

In een triomf recitel snaarden de harpen voort,
het verhaalt immers over hun immense moed,
door alle steden gaat nog steeds het woord.
De bomen buigen met hun kruinen als ware het een hoed,
bladeren ritselen als een kroon van woorden van eerbied.
Sindsdien, al is het op de aarde nimmer meer gehoord,
de aanbidding van een hulpeloos lied.
toch, als je goed luistert, hoor je het lied woord voor woord

door geluiden als vanuit de hemel gekomen,
slechts overdag vergaan tot schimmen van dromen.

HET LAND VAN KABOUTERS EN TROLLEN

In het land van kabouters en trollen
kijken feeën hun ogen uit
allen staren naar de Geest van Boven.
In zijn lange grijze haren van hoofd en baard
nestelen vele nesten jonge muizen
die hem hand en spandiensten verlenen.

Terwijl het verhaal zich langzaam uitbreidt
twee generaties geleden minimaal
waren allen nog bevriend met elkaar.
Geen van allen probeerden de anderen
te overtreffen in het doen en laten
of te overtreffen in slechtheid.

Het enige wat gold was liefde,
maar wisten zij dat wel?
Liefde zoals pas geboren baby's,
maar begrepen zij dat wel?

De Geest van Boven leerde het hen
sprak woorden van vergeving
en allen luisterde ongehoord toe.
De ruzietjes werden door hem gesust,
al waren sommigen te ver afgedwaald
en keerden zij de liefde de rug toe.

Maar de Geest van Boven pakte de stukken

en heelde dit in zijn machtige hand
alsof hij niet anders wist.
Hij zei dat de meningen niet altijd gelijk is
en dat er altijd ruzie op de loer ligt
omdat liefde niet altijd zichtbaar is.

Het enige wat geldt is liefde,
maar weten wij dat wel?
Liefde, zoals pas geboren baby’s,
maar begrijpen wij dat wel?

HET LIED DER GEESTEN EN HET RAMMELEN VAN HUN BEENDEREN

In de vroege uurtjes voor de dageraad verschijnt
schrik ik wakker van jouw haren in mijn neus.
Mijn lief kind, jij bent natuurlijk de aller mooiste.
Je koos deze dag als de dag der alle dagen,
als de dag van de wederopstanding
en om je aan ons te tonen.

Op de achtergrond een sprankelende zee
onder een kleur als een juwelen maan.
Naakt als wij zijn lopen we door het zand
en we lachen om ons naakt zijn.
Verdorven in de geest van de kleinzieligen,
die met hun stemmen ons intimideren.

Zij zien de kroon niet die jij draagt,
de kroon van de oudste dagen.
Zij zien niet dat de dag daar is,
van het afleggen der vreemde gedachten.
De kroon, gedragen door jou
hier beneden op aarde en bij de zee.

Kom en betreed onze hemel in het klein,
kom en treed binnen in een warm domein.
Hier bij ons blijf je voor eeuwig jezelf,
geen mens zal je daarom gaan haten.
Hier bij ons ben je veilig voor hen,
die je probeert te schaden.

De winden waaien hard om de rotsen,
zij blijven hun weg steeds vervolgen.
En niemand weet of kan ooit bevroeden,
waar deze winden heen zullen gaan.
Zij blazen en waaien alleen verbittering uit,
als de toon verkeerd wordt gezet.

Keren zij weer naar waar ze begonnen?
Of dwalen zij voor eeuwig rond,
waar zelfs geen duizend tovenaars
iets aan zouden kunnen doen,
alleen de grootste macht hier op aarde.

HET SPROOKJE VAN DE WOLFMAN EN HET MEISJE

Heeft het meisje alle bloemen geplukt,
nadat zij haar bed heeft opgemaakt?
Heeft zij haar schoonheid zo maar weggegeven
voor een zuchtje licht van het leven.
Liet zij zich zo maar te grazen nemen
door de eerste de beste wolfman.
Heeft zij ter verontschuldiging niet gezegd:
"Meer verwacht ik niet van het leven."

Daarom zeg ik ook tegen mijn liefje,
met je heupen van onder naar boven
bedwelm je mij tot in mijn nok.
Al ben ik nog zo arm als Job,
ik kreeg meer dan het leven mij kon beloven.

HEKSERIJ

Zouden de beesten zichzelf kunnen veranderen,
zouden wij mensen dat dan ook kunnen?
Speelt de mens geen onmogelijk spel
door de valsheid te imiteren
wilder nog, dan de wilde dieren?

En denk je, mijn vriend, dat de mens
zich in een hoekje zich zouden schamen?
Wat een hard gelach zal het zijn,
als je achter de waarheid zou komen
de mens heeft zichzelf afgeschaft!

Zelfs als de mens zou krimpen
tot de grootte van een vlo,
zelfs dan zal de mens om het bloed
hele oorlogen gaan voeren,
zoals reptielen op hun prooi wachten.

En zeg nu niet, dat ik slechts somber ben,
de somberte is reeds lang verdwenen
de mens is echter gewikt en gewogen
en veel te licht bevonden.

JE HEBT FEEEN, ENGELEN EN ONDEUGDEN

Feeën in koor: Hallo, meisje, wees maar niet bang
we zullen je verwennen zo lang dit nog kan
bij de hoge wilgen aan het grote meer
op het land, in de bergen, in de lucht niet zo zeer.

Ze passeerden bloemen met een dartelende bij
en vele schapen grazend in de wei
zij waren wakker en aten het verse gras
alsof het hun laatste maaltijd was.

Maar jij, meisje, zegt geen woord
maar je bent goed van hart, zoals het hoort
je loopt stil en beteuterd met ons mee
door de groene heuvelen van Sint André.

We maken een kroon van puur goud
maar vragen wel of je die ophoudt
dan buigt iedereen als jij voorbij loopt
of als je in de winkel iets koopt.

Maar het is veel te groot want wij zijn klein
al vliegen wij in formaat zo moet het zijn
en dansen wij zoals de bijen
behalve wanneer wij vrijen.

Dan zie je de feeën in de lucht
dansend, zingend en in vogelvlucht

vanuit het niets zullen wij verschijnen
en voor je het weet ook weer verdwijnen.

We leidden de mensen naar het goede doel
en blijven daarin bijzonder cool
onze adem doet de lucht grommen
maar dat kan ons dus niets verdommen.

Men tracht ons met ijdel gezang te verleiden
om zo de ondeugden te verblijden
dan kunnen zij de wereld gaan heersen
wat ons, feeën en engelen, vrezen.

De grond zal hevig schudden en barsten
de lucht vervuilen en in hevigheid openbarsten
het water zal verdrogen tot een enkele druppel
nog minder dan een kleine zweetdruppel.

En jij, meisje, maakt dat niet meer mee
want jij bent bij ons, dat voelt okay
uilen zullen jou beschermen, bomen je beschutten
leeftijd zal voor jou eeuwig dutten.

Kom en leg je teder naast me
gevoed door liefde en geen schaamte
engelen zullen over je waken
wanneer wij je gouden kroon zullen maken.

Dan is het klaar voor de rode zon opkomt
en de eerste beer een goede morgen gromt
de berken zullen met hun bladeren je groeten

als zij hun nieuwe koningin ontmoeten.

Eerbiedig zullen zij hun hoofden buigen
en hun eed van trouw aan je betuigen
daarna leiden wij jou weer naar bed
waar naast de gouden kroon is gezet.

Men zal knielen zittend op één knie
en verraden doet men je niet
men zal je aanroepen tot je niets meer hoort,
maar dan slaap je ook, diep en op één oor.

Dan blijkt dit al slechts een droom
waarin engelen, feeën en ondeugden woont
wrijf dan goed je ogen uit en zwaai met je hand
dan keren wij weer terug naar ons dromenland.

KARDINAAL HEEFT EEN ZOON

Vouw je handjes samen
doe je oogjes dicht
spreid je mooie beentjes
dan kom ik er aan.
Zo moet het zijn gegaan.

N.a.v. krantenbericht d.d. 06-07-2012

ERFENIS

Wat ik mooi heb geërfd,
is dat de muziek in me nimmer sterft.
Al het zicht waarop ik kon bogen,
verdwijnt langzaam voor mijn ogen.

Zo maar alles op te geven
om verder in duisternis te leven.
De zon, die tot dan toe heeft geschenen,
is als een dief in de nacht verdwenen.

Men zegt, je krijgt wat je verdient,
als je niet verder dan je neus wilt zien.
Al vraag je er nimmer om,
toch komt de dag nooit weerom,
als je de grens ver overschrijdt,
zodat de nacht voor altijd blijft.

De dag is weg, maar niet vergeten,
het zonlicht opgedroogd en versleten.
De nacht blijft hier voorgoed,
waarin ik verder leven moet.

De dag, gedragen door de wind,
blijft alleen achter als herinnering.
Al is het weg, het is niet vergeten,
het zonlicht opgedroogd en versleten.

Dat heb ik mooi geërfd,

waarin de muziek in me nimmer sterft.
Al het zicht waarop ik kon bogen,
is langzaam verdwenen uit mijn ogen.

WIJSHEID VAN EEN WERELDBURGER PART 1

Zalig
zijn
de dommen
want
die
hoeven
niets
te
leren.

ACHTERRAAM

Zorgen achtervolgen me steeds meer
ik krijg ze maar niet van me af
de zon schijnt steeds fel
dwars door min achterraam heen.

Nu dat zijn alle zorgen wel hetzelfde
en ik ze niet van me af kan schudden
blijft de zon steeds feller schijnen
dwars door mijn achterraam heen.

Waar ik mijn hoofd ook te rusten leg
op welke kussen dan ook
de eenzaamheid blijft me achtervolgen
en laat me niet rusten ook.

Zorgen achtervolgen me meer en meer
ik krijg ze maar niet van me afgeschud
en de zon blijft steeds feller schijnen
dwars door mijn achterraam heen.

ALS JIJ

Als je me nu nog niet kent
dan kan je me nooit kennen ook.
Door de tijd dat we hebben doorstaan
zou je me toch beter moeten kennen
dan je doet
ik ken de bergen en de dalen
in de rimpels van je voorhoofd
ook bij mij groeien de rimpels gestaag
maar dat kan me niets schelen
door de jaren heen heeft dat ons gesterkt.

Maar als je me nu nog niet kent
dan kan je me nooit kennen ook.
Door onze stemmingen heen
zien wij elkaar nog steeds als eerst
de stemmingen die ons zo af en toe
aan de afgrond liet staan
maar door het geloof in onszelf
hieven wij dit gevoel op en
zo lang we maar trouw blijven aan onszelf,
zal dat ook gemakkelijk gaan

DE ECHO'S VAN HAAR WEZEN

Het is een kind van de maan,
ze danst in het ondiepe water.
Haar lichaam dampt,
als het in de schaduw droomt
over haar wilde dagen van voorheen.

Ze praat met alle bijen,
of spinnen in het web.
Ze slaapt boven op haar bed
met het raam wijd open.
Nu hoort ze de vogels spreken,
zij wachten op het verhaal van de maan.

Zij is het kind van Maanmoeder,
zij oogst de geuren voor haar zelf.
Prachtig kind van de maan
drijvend op de echo's van haar wezen.

Ze vliegt op de vleugels van de wind
in een doorzichtige zijden jurk.
Haar vocht valt in druppels naar beneden
en maakt dat de grond naar haar verlangt.
Het wacht niet echt op het ochtendgloren,
want door de zon gaat het verlangen verloren.

DE GEWOONSTE ZAAK VAN DE WERELD

Een deur wordt gesloten
een w.c. wordt doorgetrokken
de stilte wordt voor even doorbroken
onder het huis drijft het
zijn onbekende bestemming tegemoet.

DE KLEINE KNUL

De kleine knul zocht zichzelf
(de koning had zijn spiegelbeeld)
in de wolken hoog boven hem
zocht de kleine knul zichzelf.

Ik wilde hem aanspreken
maar had geen stem.
Dus sloeg ik hem met mijn stilzwijgen
door stilzwijgende woorden.

In de wolken hoog boven hem
zocht de kleine knul zichzelf.
Pas in een klein plasje op de grond
vond de knul weer zichzelf.

DE KUNST VAN JONG TE ZIJN

Het gebeurt slechts eenmaal
dat wij in één straat samen waren.
jij, spreeuw, die zich nestelde op een dak
en ik eenzaam wachtend op mijn vriendin.

Jouw vleugels besmeurd met modder
jouw pootjes teer en fragiel
toen begon jij jouw lied te fluiten
dat je ons mensen al vaker had gezien.

Ik luisterde naar jouw lied
terwijl jij voort bleef kwetteren
"De dagcraad zal spoedig komen
de wormen komen dan naar boven."

Ik leerde meer van jou dan ooit in het leven
zoals jij daar jouw show afspeelde
jij wilde aandacht en die kreeg je
toen vloog je weg en liet mij achter.

DE KUS

De kus kwam van haar,
bij onze eerste ontmoeting.
Ze liep op mij af,
zo op het oog een heerlijk ding.
Dan gaat de tijd aan de haal
en verstopt zich in een liefdesverhaal.
De liefde bloeit op en voor je het weet,
ben je vader of moeder zoals dat heet.
Maakt het je nu droevig of neerslachtig,
de tijd ontbreekt je God allemachtig.
Gaat de rijkdom en je gezondheid aan jou voorbij,
denk dan aan deze woorden van mij.
Voor je het weet ben je oud en dat zo maar
van die ene kus die je kreeg van haar.

DE LIEFDE

De liefde is zo vaak beschreven,
in ieder boek vindt men de liefde wel.
De liefde verlaat nimmer de zielen,
de liefde verlaat geen mens.
De liefdes in gedichten,
de liefdes in verhalen,
de liefde om het hoekje,
de liefde in de dalen.
Haar vormen zijn oud,
maar ook weer modern,
op de plaats waar zij ligt
wordt bevolkt door elven en muzen,
zij is gelukkig en voelt zich beschut
door zeeën van bloemen,
door oceanen van planten.
Zij schuilt onder de dikke bladeren
voor de zomerse buien,
maar ze komt en blijft bij mij
en mocht de zon dan weer gaan schijnen,
dan ziet hij hoe wij vrijelijk vrijen.

DE SCHEVENINGSE BOULEVARD

Dit volgend gedicht is
opgedragen aan een aantal inwoners
van Amsterdam en Den Haag,
die een bloemvolle revolutie tot stand bracht.
Helaas zijn de meeste van hen
dit nobele streven allang weer vergeten.

Gedempte stemmen zingen met een gitaar
liedjes over liefde te geven aan elkaar.
De muren zijn hier getuigen van
en luisteren stil naar het gezang
op zo'n typische Scheveningse nacht.

Iedereen klit dicht tegen elkaar aan,
kijken verwonderd naar een volle maan.
Het zand is nog warm in je hand,
dit gaat alles boven een ieder's verstand
op zo'n typische Scheveningse nacht.

Engelen keken van boven op ons neer
ze wilden meedoen maar dat mocht niet meer
Jongens en meisjes met lang haar
bedreven liefde met elkaar
op zo'n typische Amsterdamse nacht.

Agenten begrepen hier niets van,
zij sloegen er op los waar het maar even kan.
Oude en jonge agenten belust op meer macht,

dreven deze mensen voort in de nacht,
op zo'n typische Amsterdamse nacht.

Maar de jeugd bleef cool, zoals dat moet,
zij brachten liefde en dat was goed.
Het zand nog warm in je hand,
de nacht vervuld van het gezang
op zo'n typische Amsterdamse nacht.

Het was een internationale droom
en Nederland beleefde mooie dagen.
Men bracht liefde en vrede verpakt in een bloem

DE SLAAP

Buiten waait de koude wind weer
en terwijl mijn ogen tranen van de kou
mengen deze grote druppels zich met de regen,
die buiten valt.
Mijn naakte torso merkt niets meer
van de pure naaktheid van jou en alles
die mij leidde naar jouw wegen
waarin ik zoetjes binnen val.

Jouw kleren op één hoop gegooid,
jouw zachte borst van vlees en bloed
rust nu uit en met een lach op je gezicht,
lig jij op mijn sloop.
Jouw ogen spraken boekdelen van hoop
en vertelde half wat je vertellen moet
over de vreugde die jij bij mij aanricht,
over de rest van mijn leven en over hoop.

Ik hoor geen gezucht meer, zelfs niet heel zacht,
de rust keert terug in mijn onrustige geest
en mengt zich met de dromen diep van binnen,
die vormen in mijn hoofd.
De slaap overvalt me als een dief in de nacht,
bespringt me als een woedende wilde beest,
die zijn overwinning alvast is gaan bezingen,
terwijl zijn prooi is verdoofd.

Is er ooit iets geschapen dat plezier heet,

oh, mijn liefje dan ben is dat wat jij bent.
Jij gaf me jouw lichaam als een grote schat,
waarin ik jou belichaamd.
Jouw lichaam die ik vannacht betreed
en waarmee je mij verwarmt en verwent,
is zo zuiver als het zuiverste blad
en die niet wordt beschaamd.

Geen spijt zal tussen ons in komen te staan,
daar is de liefde veel te groot voor.
We zullen samen ons leven verder gaan
en dan niet als een metafoor.

DE SNAREN VAN HET HART

De snaren bewegen,
de gitaar opent zijn mond.
De pijlers van de dageraad
zijn neergehaald.
De snaren bewegen,
de gitaar opent zijn mond.
Het heeft geen zin
om het geluid te stillen.
Het is schier onmogelijk
om de geluiden te keren.
De snaren die trillen,
zoals het water drupt.
Zoals de wind giert
over de verlaten stranden.
De wind giert
om de verloren zaken,
de lijven die hij kon koelen
in het heetste van de dag.
Zindert zoals Cupido's pijlen
zonder doel,
als een avond zonder morgen
en de eerste bloemenknop
aan een nog naakte tak.
Gitaar,
je snaar is dodelijk geraakt
in het hart
als door 1000 zwaarden

DE WAARHEIDVERTELSTER?

Welke vrouw heeft de bloemen bij zich gestoken,
gooide de bedden weg, alsook al het houtwerk,
maar vanuit haar schoot, die zij gracieus in ere
draagt-
mede gevormd door een paar ranke billen,
herwon zij haar inhoudloze gedachten.

Zo zei ze tegen mij:"Geef jouw liefde
een hoop liefde,- onder, op en meer
overweldig haar, laat haar denkan aan rijkdom
laat haar niet achter zoals ik ben, arm en onwetend
van al het werk dat je er van hebt gemaakt."

DE WEGGEKAAPTE BLOEM

Je kaapte de mooiste bloem voor mijn neus weg,
die staat nu te pronken op mijn pas gegraven graf.
Maar door jouw verdriet kan de roos daar niet
groeien,
zij verliezen hun bladeren steeds vroeger in het jaar
en de verwilderde mimosa geurt zachtjes in het
schemer.

In het nabij gelegen stilstaande meertje
buigt de eik terneer geslagen zijn machtige kroon.
Het wordt bevangen door zoveel somber dromen,
als het innig verlangt naar een rustig groeiende
bladerdek.
Arme drommel! Door zijn wens ontwaakte de dood!

De tranen die, zoals wij allen weten, nu zinloos
vloeien,
omdat de dood daar geen boodschap aan heeft,
leert ons immers nooit om verder niet te treuren.
Het maakt het huilen slechts met nog veel meer
tranen
en jij- wie zegt mij dat je mij niet vergeet?-

Je ziet er bleek uit, je ogen zijn nat van de tranen,
je bukt en geeft teder een zoen op mijn kist.
De lucht breekt open, de zon begint te schijnen,
geen wolkje is er nog aan de lucht te zien.

Nu pas besef ik pas goed, dat de hemel mij mist.

DOOR JOU

Haar grote blauwe ogen
vielen mij het eerste op.
Langzaam kwam zij wiegend
op de melodie van de muziek
op mij aflopen.
Haar blik in haar ogen was
een kruising tussen droefheid en verlangen.

Soms gaat het leven
anders dan je zou willen.
Het waarom is mij een raadsel,
maar het leven is niet altijd
even aardig voor iedereen.
Soms overwint de liefde,
zoals de liefde van mij voor jou.

Al dacht ik dat zij mij
haar rug zou toe keren,
voelde ik de tranen opwellen.
Waarom ik bij het eerste gezicht
al van haar hield was mij onbekend.
Maar de vlinders in mijn buik
spraken luidruchtig boekdelen.

Zij schreeuwden luid,
dat ik van jou hou, zolang ik leef
tot ik eeuwig mijn ogen zal sluiten.

Dat alles komt door jou.

DOOR JOU

Door jou
alleen door jou
en door jou alleen
wordt deze wereld
een betere plaats
om in te leven.

Door jou
alleen door jou
en door jou alleen
wordt mijn zicht
helderder
dan voorheen.

DOOR LIEFDE GEDREVEN

Ik voel me vreemd vandaag
        sinds we hand in hand wandelde
en in het gras zaten of rond liepen
        met onze gedachten ver weg
in de morgen van onze eerste dag.

Ik raakte een gedachte aan,
        dat me talloze keren heeft gevangen
(zoals een vlieg in het weg van een spin
        tegengekomen op zijn pad.)
zonder zich ervan te kunnen bevrijden.

Het drijft in me als een woelige boot,
        op drift geraakt op zoek naar de oorsprong,
daar diep in mij onverhoord verscholen
        ligt het antwoord voor het oprapen,
als een machtige vloot.

Gevoerd door champagne uit de fles,
        door luchtige handen ingeschonken
valt de stilte en passie, vreugde en liefde,
        in een stomende liefdesnacht
door de kurk de lucht ingeschoten.

Zo'n liefde hier door de dagen heen
        met zulke geestige capriolen,
zoals de naakte stammen van de bloemen,
        de weg vindt die de natuur hen geeft

terwijl de Hemel zich verder zal ontsluiten.

Hoe zeg je dat ook alweer, mijn duifje,
        laten wij onbeschaamd elkaar beminnen,
gehoord door ons gebrul zowel in de hemel als hier op aarde
        opdat alles weer onder controle is.
Is dat nu de ware liefde of niet?

Ik wilde dat je mijn alles was,
        maar jij bent meer, veel meer.
We zijn ongebonden gebonden, slaaf en toch ook vrij!
        Wat kunnen we nog meer verlangen
dan om ook na de dood bij elkaar te zijn.

DRONKENMANSPRAAT

Kom zwaai met mij
mijn benen zijn niet zo stevig
als je denkt.
Laten we dansen
of in ieder geval proberen
al is hangen een beter woord.
Ik mag dan wel somber zijn
maar dronken ook,
dronken van de nectar van jou.
Deze soberheid is
niet zo maar soberheid,
het is een juweel
dat glanst in de nacht.
Zo één die je wel moet adoreren
tenminste als het dansen
je wat tegenvalt.
Ik mag dan zo vaak en zo veel
op je tenen staan,
kom, dans de kater weg.
We letten niet op de andere dansers
die staan ons maar in de weg
als een grafsteen.
Nu geen op en neer meer, schatje,
ik ben de rust zelve.
Ik zal hier wel gaan liggen
tot de zon me weer wekt.
Als een zwam zal ik bloeien
als een herder zal ik waken,

al doe ik nu mijn ogen even dicht.
Ik zal over je dromen, dan dansen wij weer
en schuifelen heel dicht tegen elkaar
tot de vloed ons zal meevoeren
naar een land hier ver vandaan.

DROOM PART 1

Zag ik jou laatst niet in mijn dromen?
Jouw charmes hadden je niet verlaten
Ik vroeg je, of je kwam spoken
maar je zei, dat je alleen kwam om te praten.

En zelfs terwijl ik was ontwaakt,
bleef je met jouw charmes om mij hangen.
Je leunde, zwaar hijgend en naakt
en was het liefhebben aangevangen.

DROOM PART 2

Jij bent nog steeds naakt om me heen
jij, jij en nog eens jij alleen.
slechts wachtend op één enkel woord:
blijf, hetgeen je nooit hoort.

In elk geval blijft jouw gezicht
rond me zweven als een dood gewicht
meegevoerd door de wildste stromen
in woelige nachtelijke dromen.

Waarom dan nog gaan dromen
als er slechts nachtmerries van komen?

DROOM PART 3

Was ik ooit een woud geweest
waarin ik vrij kon leven als een beest
zo oud als de weg naar Rome
waar geen sterveling in kon komen
behalve als een kruipend serpent.

DROOM PART 4

Mijn ziel, brandend als een toorts,
lag op bed met hoge koorts
een stad even brandend in de nacht
die aan niemand verkoeling bracht
wij samen gingen op als smeltende was,
wat over bleef waren slechts wolkjes as.

En wat nog meer restte was een onzichtbare materie
een stad, ja, een woud ja, als een microscopische
bacterie
verteerd door slechts een kortstondig hellevuur
extra opgestookt voor het laatste uur
ieder verslonden door een aantal vlammen
ieder stofje neer gedwaald als pictogrammen.

WIJSHEID VAN EEN WERELDBURGER PART 2

De weg
naar
volharding
ligt
bezaaid
met
teleurstellingen.

ZOU IK

Zou ik een geest zijn, dan vloog ik weg met jou.
Zou ik een voertuig zijn, dan zou ik niet rijden
zonder jou.
Maar zou ik een goed mens zijn geweest,
dan zou ik waarschijnlijk meer woorden hebben
die ik met je zou delen.

Zou ik dromen, dan droomde ik van jou.
Zou ik kunnen slapen, dan sliep ik naast jou.
Zou mijn angst de overhand nemen,
dan zou ik schuilen bij jou.
Diep schuilen in jou.

Zou ik vluchten, dan vlucht ik met jou.
Zou ik gek worden, dan werd ik gek alleen van jou.
Zou ik de maan zijn, dan scheen ik voor jou.
Zou ik regels hebben, dan regel ik dat met jou.
En zou ik een goed mens zijn, dan begreep ik meer
van jou.

Ik zou huilen als ik allen was zonder jou.
Zou ik me thuis voelen, dan was het alleen met jou.
Zouden we spelen, dan was dat het beste spel.
Maar zou ik een geest zijn, dan vloog ik weg met
jou.
Meer woorden zou ik met je delen.

ZO MAAR

Jij bracht mij terug in het leven
jij was warm, je bloed stroomde wild
jij kwam steeds weer bij me terug
en was altijd stipt op tijd
jij leerde mij me met jou te vermaken.

Was jij de vrouw die me bij bracht
door dingen die wij samen hebben gedaan
of planden te gaan doen.
Is jouw liefde nu bekoeld,
zo ken ik je helemaal niet.

Jij liegt mij steeds meer voor
ik heb daar geen woorden voor.
Wat gebeurt er toch met ons
niets lijkt nog goed te zijn.
Verscheurt laat je me achter.

Nu geloof ik jou niet meer,
als je zegt dat je weer langs komt
ik voel me zo koud van binnen.
Jij ligt daar naakt voor mij,
jouw lichaam kan ik wel tekenen
ik ken er ieder plekje van.
Al is het nacht ik ben klaar wakker
en ik kan je contouren zien
de perfecte magie is verbroken.
Jij kijkt me vragend aan

en ik voel me verscheurd van binnen.

Had iedereen het dan bij het juiste end
had ik dan moeten inzien
dat wat er was slechts een schim was?
Maar jij drong door tot mijn vezels,
nam mij gedachten compleet over
gebruikte mijn ongelukkig zijn.
Al mis ik het gevoel, dat zo veel,
zo vele dingen te doen zijn
zo vele plekken die ik niet kan aanraken
omdat ik zo in de kreukels lig.

Jij loog me steeds meer voor
ik had daar geen woorden voor
wat gebeurde er toch tussen ons
niets leek nog goed te zijn
Verscheurt laat je me achter.

VAN WIE KWAM DIE PIJL?

Wie doodde de tijd?
Ik, zei een kwartier.
Ik martelde hem Spartaans
wel een minuut of vier.

Maar wie schoot die pijl?
Was het een schutter of zo?
(De pijl doorboorde het hart)
Was het een mens of was het Cupido?

VAN GEBOORTE TOT AAN DE DOOD

1.

Ofschoon de maan op zijn plek blijft staan
in schoonheid, die zij zo aanbad
lag zij met blozende wangen te wachten
op haar grote titaan.
En op mijn beginnende levenspad
waar zij al maanden op wachtte
lag zij daar met een negenmaandse buik
te zuchten en te steunen.
Ik liep met open ogen in die fuik.

Ik heb nog geprobeerd dit tegen te houden
maar niets is toen gelukt.
Dit heb ik toentertijd maar stilgehouden
want door te zeggen maak je iets belangrijks stuk.
Iedere hand die naar mij reikte maakte me gek
de woorden die men sprak te stompzinnig voor
woorden.
Daar lag je dan, klein geworden als een begeerlijke
snack,
met een overvloed aan verkleinwoorden
die je in Godsnaam moest aanhoren.

Ze lachte haar lieve lach en dat veranderde mij
en liet dat luid en duidelijk horen.
Nu was ik niet langer een onbeschreven bladzij,

maar een vers uitgeperste lijf van vlees en bloed
die nog geen eigen gedachten heeft.
Wel een eigen mening die deze wereld begroet
die alleen naar perfectie streeft.
Kijkend naar de sterren en hun pracht,
in schoonheid die zij zo aanbad
terwijl de maan op zijn plek blijft staan.

2.

De maan met haar liefdevolle schijnen en
vriendelijkheid
toont de mens haar menselijke menselijkheid.
De vriendelijkheid in al haar facetten
doet haar na een aantal uren niet te beletten
om weg te zinken in een stijlvolle rode gloed
die haar voor nodeloos verdrict behoedt.
Onder deze schilderachtige luchttafereel
is haar ondergang niets meer dan een ritueel.
En onder een gebroken tak van een kolos van een
boom
wordt haar menselijkheid een idioom.

3.

In de zee zwemt een zeemeermin, die de kust
bereikte.
De golven haar beste vrienden, die rond haar naakte
lichaam prijkten,
lieten hem in zilverachtige sprookjes geloven
die hem weer van enige zinnigheid deden beroven.
Zij strekte haar armen naar hem uit,

haar mond geopend en haar lippen getuit.
Zij drukte haar lichaam zacht tegen hem aan,
waardoor zijn gedachten aan de haal zijn gegaan.
Lachend ging zij toen weer kopje onder,
terwijl de man bleef staren en hoopte op een wonder.

4.

De dood van zijn ouders was een grote schok voor hem
zodat hij getrokken werd door die ene mooie stem.
Dus ging hij terug naar de kust, naar de zee, het water in
en hoopte op het zien van haar, de zeemeermin.
In opperste verliefdheid, zoals een minnaar doet,
wachtte hij op haar lichaam en stem zo zoet.
Toen dreef een bekende geur voor haar uit,
aantrekkelijk en wild, wat weer op de komst van haar duidt.
En nadat de golven tot rust waren gekomen
kroop zij uit het water, de vrouw van zijn dromen.

5.

Daar stond hij dan, als een gek op haar te wachten,
de hele dag daarvoor te dromen en naar haar te smachten.
Het zou een bittere pil voor hem zijn geweest,
als zij niet was verschenen- mens of beest?.
Hij durfde zijn mond nauwelijks open te doen,
maar wachtte wel smachtend op de eerste zoen.
Zij, die leek te zijn gestuurd als een vloek

dreef hem tot waanzin en in een hoek.
Hij, tot in al zijn spieren gespannen,
was door haar lichaam gevangen.

Zijn hart klopte wild en sloeg wel honderd malen
zodat hij stierf aan hartfalen.
Daar lag hij dan, nu stil en wit,
gebroken en volledig zonder pit.
Toen verscheen aan hem een spierwit licht
dat irritant bleef schijnen op zijn gezicht.
Hij voelde zachte handen die hem probeerde op te warmen,
opende zijn ogen en lag pontificaal in haar armen.
Hij kon en wilde het eerst niet geloven,
hij lag op de aarde en niet in de hemel boven.

6.

Hij vertrouwde zijn verhaal jaren later toe aan het papier
zijn woorden stroomden uit hem als een kolkende rivier
Hij schreef over haar aantrekkelijke verrukkelijke lichaam
al voelde hij zich op zo'n moment eenzaam.
Zij vertrok op een dag spoorloos met de noorderzon
wat hij eerst pertinent niet geloven kon.
Maar zij had hem een lange brief geschreven,
waarin zij hem vertelde niet meer met hem verder kon leven.
En geen enkele levende ziel kon ooit bevroeden
wat hij zo maar ging vermoeden.

Deze vrouw greep zo weinig haar kansen,
zij kon slechts enkel maar lonken en sjansen.
Wat zij ook deed zij kon niets van hem verschalken
behalve dan een beetje stomweg zitten balken.
Haar lichaam, nog steeds mooi als zij bleef zitten,
ook in haar slaap, als zij naast hem lag te pitten.
Maar verder kwam het nu niet meer,
zij legde zich liever bij andere mannen neer.
De zeemeermin bekende het huilend op zijn
schouder,
hij luisterde en werd in één klap 100 jaar ouder.

7.

Jaren later zag hij weer vrienden uit zijn jeugd
dat riep veel vragen op maar deed hem ook deugd.
Maar lachen kon hij niet meer.
Daar had zij voor gezorgd en dat deed hem zeer.
Op vragen van zijn vrienden antwoordde hij heel
beleefd
dat niet het lachen maar de tijd zijn stem verknald
heeft.
Zijn hart zo zwaar geworden als een steen
werd meer en meer voor hem een kloppende
grafsteen.
Wild waren ze ooit geweest, roekeloos en
schaamteloos had ze gevreeën,
soms met zijn drieën, maar meestal met zijn tweeën.

Dan lagen ze als een gebroken stel tot de zon
opkwam

beiden voelde zich gebroken en beiden voelden zich
lam.
en lagen zij uren naar het plafond en elkaar te staren.
Pas na het vrijen kwamen ze weer tot bedaren.
Dan lag zij stil te huilen van vreugde of verdriet
daar kwam hij nimmer achter, dat niet.
Maar dan hoorde hij weer een kreet naast hem in bed
en het leek hem toe als het geluid van stiekem
binnenpret.
Zij deed net voor hem alsof zij lag te slapen
en hij, die arme drommel, had niets in de gaten.

8.

In de zomer en het najaar zaten zij onder een eik,
die trots was, even trots als die mooie zij.
Zij spraken nu halve dagen en nachten
zodat hetgeen gezegd werd ze dichter bij elkaar
brachten.
Sinds het huwelijk en zij voor het eerst de zon
opkomen zagen
en ze over hun toekomst, kinderen en het ouder
worden spraken,
wisten ze dat het leven een kwart was verstreken.
Voor haar iets meer, naar wat nu is gebleken.
Dat alles was een palet van kleuren en woorden
in de hoop dat de Goden hun verlangens zouden
verhoren.

En inderdaad na een maand of negen
werden zij door de geboorte van een kind gezegend.

Hulpeloos lag de kleine in zijn wieg
waar het werd vertroeteld, het was ook zo lief.
Onder die eik was hun jeugd voorgoed verloren
en werden ze in volwassenheid opnieuw geboren.
Dat geheel was een schilderij met fijne
penseelstreken
een kleurige tijd zou wel haast gaan aanbreken.
Terwijl het leven langzaam in haar buik groeide
zag je hoe zij compleet als vrouw opbloeide.

9.

Jaren gaan voorbij en voor je het weet
ben je oud, zoals dat heet.
De kinderen, eens klein en haast onbehouwen,
zijn nu zelf bezig om te gaan trouwen.
En dan voor je het weet heb je kleinkinderen,
die je natuurlijk ziet als wonderkinderen.
Iedere tekening, groot of klein,
moet haast wel een Picasso zijn.
Dan keer je terug naar het begin, naar de eik,
naar de maan, die op zijn plek bleef staan;
naar de zeemeermin, die stralend in het water zwom;
naar zijn jeugd, naar zijn geboorte.

VAN GEBOORTE TOT DE DOOD!

Geboorte! In wiens ogen
het lijden van sterven een schijntje is.
Gezien door haar gesloten ogen
liggen er zaken steels verborgen.
Was het huilen een teken van spijt
of van een intens verzwegen lijden?
Ouders zweven boven het naakte lichaam
vol van trots dat alles goed is gegaan.
De verrassing tonen zij niet,
de pijn is weer snel vergeten
Het zwijgen verbergt een berg aan pijn
en heerst er een stilzwijgen van jewelste.
Een goede luisteraar hoort een half woord
tot het wordt overdonderd door een intense echo.

Geboorte! Aan jou het leven gegeven
tussen leven en sterven in.
De pijn smoort het intense denken
over het voorportaal van geboorte.
Maar de tirannie van doofheid
ontsproten uit de geest van haat,
heeft plezier van haar stilte.
Het leven wordt veel mooier voorgespiegeld,
maar weigert de consequenties van het overgaan.
Het weigert de kracht van het eeuwig leven,
dat nu eenmaal opgesloten zit in de geboorte.
Maar geen engel die de ongeborene ooit aansprak,
in de stilte groeide zijn aangeboren geweten.

In de ziel streek een vlaag van intense
pijn.

Deze Goddelijke gave moest een lieflijk teken zijn,
als een Hemels Geschenk aan de mensheid.
Wel als slotsom van al zijn ellendige wensen,
maar inwendig gesterkt door zijn eigen wil.
Maar verbijsterd met het resultaat
van eigengereidheid en kracht,
in een eeuwigdurende omhelzing
met de Grote Geest van het Leven,
die de aarde de rug toekeerde
en in een spelonk ver weg verblijft,
nadat de mensheid Zijn zoon verloochende.
Dit is een symbool voor de hele mensheid
van geboorte tot het sterven
in hun denken en handelen.

LEPELTJES GEWIJS

Als twee geliefden lig ik rustig naast haar,
haar tombe en mijn tombe lepeltjes gewijs
het groene gras hoort nog steeds haar gebeden
waarin ze zegt dat zij van mij hield,
als de dagen die opkomen,
als de nachten het zicht doet verminderen
haar roze pad die de mijne kruiste
en ieder die dit pad moest volgen.

Ook ik zeg mijn gebeden op, lang geleden,
de vogels horen mijn woorden nog steeds
waarin ik zeg dat ik van haar hield
als het gras dat plotseling omhoog schiet,
als de bloemen die hun kopjes opsteken
als de regen die de aarde voedt
haar roze pad die de mijne kruiste
en ik dit pad volgen moest.

Beide gebeden die als wormen door het gras kruipen
door sommige gehoord, door anderen weer niet.

TWEE PAAR DIJEN

Twee paar dijen schuren
tot vlees geworden vlees.
Zie die twee in het veld
te keer gaan als een beest.

PASSIE EN HARTSTOCHT

Ik weet, dat jouw veel kleurige ogen
me lachend aan zullen kijken
en haar gedachten zullen onthullen
zonder enige sporen van grijs
dat langzaam smelt in een gloed
van onstuimigheid
me daar thuis zal opwachten
in een oceaan van verlangens,
in een explosie van intenties
tot ik thuis kom.

We kijken van achter onze ramen
naar buiten, naar de schemering
als alle lichten gedoofd zijn
en al het geluid is afgestorven,
dan komen wij tot een heftig leven
zonder een woord
zeggen we veel meer dan we denken
in een explosie van daden
in een oceaan van passie
tot we zijn uitgeblust.

PASSIE

Wel degelijk zag hij al haar schoonheid
die onder de andere meisjes niet werd vertoond
ze gingen gebukt onder jaloezie
en baden voor evenveel schoonheid.
Haar gezicht, gracieus met twee fel blauwe ogen
die oplichten als diamanten sterren,
kijkt tevreden neer op de toekomst
vol liefde, goddelijke tevredenheid en intense
vreugde.
Alleen de aanblik van haar laat alles gloeien,
alles ontstijgt het aardse gevoel
uit al haar bewegingen gaat een haast goddelijkheid
die niemand ooit kan evenaren
zonder passie en liefde is men van alles berooid.

DE STAD IS NIET ALTIJD WAT HET LIJKT

Had ik genoeg geld, genoeg om te kunnen sparen
dan zou dit huis iets voor ons zijn
maar zo een leven kunnen wij nooit krijgen.

Is er iets te zien, bij Bacchus de Koning van de
Wijn?
Zit zijn geheim soms diep in het glaasje
verstopt als een troosteloze, als een troosteloze kan
zijn.

Kijk dan naar de stad vol met huizen en muren er om
heen,
zoals een omelet doorbakken in het midden
weer een weggegooid kuikenleven.

En de stad met al haar pleinen en huizen
gemaakt van stenen gezichten, wit als de dood
ontneemt je soms de zuivere lucht.

Huizen, in rijen naast elkaar zijn slechts vage
tekenen,
vol met intriges en achterklep roddel
van wie er nu weer bij elkaar over de vloer kwam.

De hele dag de gordijnen gesloten, dat zegt hen zo
veel,

als of de luiheid hard heft toegeslagen
en de gedachten van hak op de tak springen.

Wat de stad? De stad in de winter is doods,
de sneeuw bedekt de graven en de straten
en de mensen zoeken naarstig naar hun weg.

VOL GEVRETEN ZON, AFGEVALLEN MAAN

Een stralende vol gevreten zon
de vogels in de zomer zagen dit
zij zongen hun lied luider dan ooit
met begeleiding van luid gedonder.
De muziek was naar mijn hart
verloren gewaande muziek,
die ik reeds lang gemist heb
en die naar mijn verleden riekte.
Vers groen gras rook zo heerlijk,
rivieren bevriend met elkaar leken,
zij hielden hun handen bijeen
en streelden elkaar over de bodem
Daar lagen wij bij elkaar in het gras
je rolde me om, terwijl je boven op me lag
je lippen voelde ik over mijn hele lijf
mijn liefde voor jou was onbeschrijflijk.
Je ging geruisloos zitten en staan,
we dansten naakt onder een afgevallen maan,
we voelden de warme nacht om ons heen,
we zweefden en voelden ons vreemd.
In mijn oren zong je een lied,
onder een vallende afgevallen maan,
de vogels van de zomer zagen dit,
zij zongen als lachende kinderen op straat
tot het laatste licht over de wereld ging.
Maar wij lagen bij elkaar in het gras
je rolde me om, terwijl je boven op me lag

jouw lippen voelde ik op mijn hele lijf
onze liefde was gewoon onbeschrijflijk.
Die nacht duurde nog een lange tijd
en geen van tweeën hadden hiervan spijt.

ZOET IS DE GLANS

Winden komen van de hoge heuvels
en als de nevel opkomt, dan maak je me wakker.
Ik vertel je een geheim
net zoals je mij hebt gedaan.
Dan delen wij het geheim.

Jij fluisterde woordjes van liefde in mijn oor,
over liefde van haar, die ik zo liefheb.
Jij vertelde dat ze van mij hield
en volgens jou was dat echt waar.
Dat was voordat ze me verliet.

Ik hoor haar stem in de muziek
ik hoor haar zachtjes tegen me praten.
Zoet als haar kussen waren, zijn niet meer.
Dichten over elkaar, kan niet meer.
Ogen gesloten, zacht gevoel wil niet meer.

Zoet is de glans van mijn nieuwe liefde.
We delen eend room, dat nooit zal eindigen.
Nieuw is de glans in de ogen van haar,
de glans die niet uit haar is geweken.
De droom wordt weerspiegeld in haar.

Ver weg klinken de woorden van mijn nieuwe liefde,
alsof ze lispelt, ga terug naar de hoge heuvels
en zeg tegen mijn liefste dat de dag spoedig komt
en deel haar ons geheim mee.

Ze begrijpt het zo goed
en sluiten dan eeuwige liefde.
We blijven voor altoos tezamen.

KLEINE KNUL

Droom fijn, kleine speelgoed jongen
van raketten en van Mars,
van dagen vol zon en van het spelen in de tuin
en van repen chocolade.

Droom fijn, kleine speelgoed jongen,
droom maar zolang als jij kan
van onze witte hond (Joris) en van je poppen
en het maken van kastelen in het zand.

Want veel te vroeg zal jij ontwaken
en al je speelgoed zal dan verdwenen zijn,
jouw autootjes zullen wegrijden
om een ander huis te vinden.

En jij zult opgroeien in ene man
met eigen vrouw en kind
en dan zal jij dienst moeten nemen
om dit vaderland te dienen.

En dan zullen ze je leren haten
en ze zullen je leren te doden.
Het is altijd al zo gegaan, mijn zoon,
en ik denk dat het ook altijd zo zal blijven.

Niet langer zal jij teer zijn,
jij zal iemand jouw vijand noemen,
terwijl jij hem altijd vriend noemde

en jij slaat zijn aanbod af om een hand.

En terwijl jij de raketten hoort donderen,
zal jij het huilen van je broeders en zusters horen
en door dit alles zal jij je afvragen,
waarom wij hen toch moesten vermoorden.

Maar droom nog maar fijn, mijn kleine speelgoed
jongen,
droom maar door zolang als jij dit kan,
want spoedig zal jij iets vreselijks zijn,
mijn zoon……………………………. dan ben jij man!

ZOALS DE KUNST JONG, UIT HET HART EN DOOD IS

Zoals ieders leven eens vergaat,
al zal geen levende ziel mij dit vertellen,
dat mijn hart eens ophouden zal met slaan.

Ik hou van jou tot aan mijn laatste adem,
als jij daar zo naakt naast mij ligt.
De tijden heeft mij nimmer verveeld,
met jouw lichaam stevig in mijn zicht.
Die liefde, waar de Dood een broertje dood aan heeft,
zal hem niet als winnaar kunnen uitroepen.
Dit zegeteken, die een extra dimensie aan hem geeft,
zal hem blijven achtervolgen tot aan het einde der tijden.

De betere dagen van toen waren van ons
de slechte kwamen op mijn account.
De zon verblijd, de storm kalvert dat weer af.
Nimmer zal de lijn zo dun meer zijn.
De stilte in ons dromenloze slaap
is net te weinig om tranen te plengen.
De herinnering zal nimmer vervagen
aan alle warmte die door de jaren voorbij is gegaan.
Ik zag het overgaan naar een lange vriendschap..

De eens jonge bloem naar een rijpende staat
zal de geur nooit verliezen.
Door de hand veelvuldig aangeraakt,

maakt niet dat de bladeren sneller verdorren.
En toch is er geen grotere treurnis
dan het zien verwelken, blad voor blad.
Men zegt niet voor niets “Pluk de dag’
sinds de ogen van de mens het zicht hebben
om de sporen te rechten van krom naar recht.

MIJN VRIEND RICHTER

De ziekte bracht me tot razernij
althans op de schaal van mijn vriend Richter
waarom ook dit te ontkennen
want het ziekteproces in mij is reeds lang begonnen
terwijl de wereld het niet in de gaten had
en ik mijn gewicht langzaam verloor.
Ging de strijd teloor?

EERSTELING

Dag,dokter!
Wat kijk je vredig naar mij
tussen het blauwe gordijn
en met je blauwe ogen,
het lijkt wel of je naar me zwaait,
maar lachen doe je nooit.

Dag, lief kind van ons!
We komen je zo halen,
nu lig je daar nog zo stil
tussen vier witte muren,
maar je wangetjes zijn heerlijk roze,
roze, het kan niet roder zijn
Weet je! Papa en mama
willen zo graag een beetje
(veel) trots op je zijn.

Dag, schoolkind van acht!
Je bracht ons veel zonneschijn.
Je hield je mondje nooit dicht,
je mondje hield je nooit stil.
Je sprak vaak over de kleine dingen,
die je op school had geleerd.
Even mooi leerden wij jou
een "vredig" plaatsje te geven
in en onder de zon.

LIED VAN DE HERFST

Aan het getijde kan je zien
wat voor weer het is.
Vallende bladeren, laagstaande zon
zijn dat ik de zomer mis.

Hoe het hart ook schreeuwt
voor wat meer zon,
het komt voorlopig nog niet terug
zelfs als de zon dat kon.

En hoe de ziel zich ook laat misleiden
de slaap heeft het nog niet gevat.
Hij merkt bij het minste of geringste
het vallen van het blad.

Hoe vreemd kan een brein werken
al merkt hij het tevergeefs.
De sneeuwlucht neemt het blauw over
en is met sneeuw bijzonder goedgeefs.

Het is zo ijdel, haast ongegeneerd,
zo ijdel en beschamend als wat,
dat het zo bijzonder trots is bij het zien
van het vallen van het blad.

LIEFDE IN HAAR VERSCHIJNING

Zoals alle dichters dichten
zijn liefde en het hart slechts een ding
elk ontstaan uit pure wensen
overrompeld door slechts herinnering.

De natuur schiep de liefde
en de mens maakte het zich eigen,
de adem werkte verdovend
waardoor de liefde kon blijven.

De schoonheid in het gezicht van de vrouw
maakt de ogen smachten,
waardoor er passie is ontstaan,
dat wordt botgevierd in de nachten.

WIND

In het land, waar de eeuwige winden razen,
alhoewel, ik wist daar niets van,
zag jij het leven in mijn ogen
en je pakte zo maar mijn hand.

Daarna liepen wij langs de kustlijn,
waar de nevels glazig opstijgen.
We liepen zo maar in gedachten
en hoopten, dat de wind bij ons zou blijven.

De wind blaast maar door mijn haren
en verbindt mijn lot met de hare.
De wind blaast de kou uit mijn lijf,
zo lang dat zij hier bij mij blijft.

Ik kan het gevoel niet verklaren
en misschien zal ik dat ook nooit kunnen doen.
Het enige dat ik weet, is wat ik nu voel,
nu we hier lopen door het laatste groen.

Maar waar jouw geest voor mij op zal doemen,
misschien wel voor de laatste keer.
Zonder de woorden ooit te hoeven zeggen,
vertelt de eeuwige wind mij steeds meer.

De wind blaast maar door mijn haren
en verbindt mijn lot met de hare.
De wind blaast de kou uit mijn lijf,

zo lang dat zij maar hier bij mij blijft.

GITAARSPEL

Het spelen op de gitaar
begint.
De schaduwen van de morgenstond
breken in twee.
Maar het spelen op de gitaar
begint.
Het is onbegonnen werk
het zwijgen op te leggen.
Gewoon weg onmogelijk
het tot zwijgen te brengen.
Het speelt onbewogen,
zoals het water in de rivieren;
zoals de wind loeit
en de sneeuw van dc
besneeuwde velden
omhoog blaast.
Gewoonweg onmogelijk
de sneeuw op de grond te houden.
Het loeit de hele tijd
en huilt voor verloren dagen.
Verloren zijn de warme dagen,
die schreeuwden om verkoeling.
Huilt over gemiste kansen
en over avonden zonder vroegte.
Over de eerste dode vogel,
neergevallen op de koude grond.
Maar het spelen op de gitaar
begint,

terwijl haar hart doorboord is
door vijftig woorden.

ZOALS

Zoals het ijs ontstaat door bevriezing
en de winter nog maar net is begonnen,
zeg jij me doodleuk dat alles zal veranderen
omdat mijn hart de jouwe voorgoed heeft gewonnen.
Zoals jij besloot voor mij te kiezen,
heb je alles mooier gemaakt dan ooit tevoren.

We zijn samen in onze jeugd,
de waarheid ligt in wat wij doen.
Mijn gedachten hangen rond jouw geest
en wat je ook doet, mijn liefde voor jou blijft
groeien.
Je hoeft geen woord te zeggen,
al is dit het puurste geluid ooit gehoord,
jij hebt de zuiverste toon dat ik ooit hoorde.

Zoals het ijs ontstaan uit bevriezing
en de winter nog maar net is begonnen,
zei jij me doodleuk dat alles zal veranderen.
Dat klopte als een bus toen jij van mij wegging,
waardoor je mijn hart in tweeën brak.
Zelfs nu, nu de zon begint te vervagen
moet ik je naar je laatste rustplaats dragen
en zing ik een lied voor jou alleen.

WOORDEN VAN AFSCHEID

Op een dag, een mooie dag,
kom ik jou zo maar opeens tegen.
Dan laten wij ons beiden gaan
en zullen het aller hoogste beleven.
    Zeg wat er te zeggen is,
    doe wat je moet doen.
    Maar ga met mij mee,
    dan doen wij, wat wij willen doen.

Spoedig als de finish in zicht is,
ziet men het leven voor zich als in een film.
Dan beleef je de dingen opnieuw,
met alle zoete herinneringen van je jeugd er in.
    Met woorden van afscheid
    nog vers op mijn tong,
    vliegt mijn geest weg
    naar het land van morgen
    en overziet het in al zijn pracht
    waar het tevreden is.

Verbrokkeld als voorheen,
lang op de vlucht
vliegt mijn geest weg
naar het land van morgen
en heeft het geen spijt van wat het heeft gedaan,
waar het nu zeer tevreden is.

Want op een dag, een warme dag,

kom ik jou zomaar opeens tegen.
Dan laten wij ons beiden gaan
en zullen wij het aller hoogste weer beleven.
    Dan zeg jij wat er te zeggen is
    en doe jij wat je moet doen.
    Dan ga jij met mij mee
    en doen wij wat wij willen doen.

Nu de finish is bereikt,
is de eenzaamheid voor altijd verdwenen.
Dan beleef je al die dingen weer
van alle dagen en nachten van voorheen.
    Met woorden van afscheid
    nog vers op mijn tong,
    vliegt mijn geest weg
    naar het land van melk en honing
    en overziet jou in al jouw pracht
    waar het bijzonder tevreden is.

Verbrokkeld als voorheen,
lang op de vlucht,
kruipt mijn geest weg
in jouw land van melk en honing
en heeft het geen spijt van wat het heeft gedaan,
waar het nu heel tevreden is.

MIJN GELIEFDE EN IK

Mijn geliefde en ik zijn een
zoals de man tegen mij zei
zelfs als de dood kwam in mijn leven
dan staat zij mij steeds nabij.

Het is de natuur, dat zij liefde geeft
de liefde die bij haar vast staat als een rots
en haar hart die mij steeds omgeeft
wacht op me met veel trots.

Haar schoonheid zit in haar opgesloten
en maakt dat iedereen naar kijkt,
terwijl haar paar mooie ogen
haar verlangen alleen naar mij reikt,

Waar beiden vaak naar verlangen
zodat de liefde in de nachten zal stromen,
waardoor de dagen worden uitgesteld
en onze lichamen bij elkaar zullen komen.

MIJN LIEFSTE

Bij het denken aan haar
pen ik dit gedicht op papier.
Met haar lichtgevende ogen
even helder als de ster van Bethlehem
vindt zichzelf terug liggend naast mij.

Beschreven op deze bladzijde
ontkleed door iedere lezer
zoekt ze haastig haar grenzen
beschermd door de schatten van het leven
geheiligd, een amulet een talisman.

Dat moet worden gedragen op het hart
als een deksel op een potje
gevuld met gedachten, woorden en liefde
die nimmer vergeten mogen worden
of worden verkwanseld voor een wonder.

Laat er geen knoop in ontstaan
zodat de toevoer van lucht wordt versperd
eentje zo stevig dat het slechts
geslecht kan worden door een sabelhouw
waardoor de gedachten doodbloeden.

Geschreven woorden op een blad
staren nu in een lege wereld
met ogen van tintelende zielen
aaneengesloten in lijven met vuur en passie

die bergen slechts slechten.

Vier woorden uitgesproken in het vuur
worden vaak als zuchten uitgesproken
door dichters, van dichters en voor dichters
op papier gezet als de ultieme waarheid
wat veelal slechts leugens behelst.

Zoals vele dichters doen of hebben gedaan
als stille getuigenis van de waarheid
op sterven na dood door de waanzin van de dag
lees je nu niet de rijmen, die ik opschrijf
alhoewel je dat wel makkelijk kunt doen.

JEUGDDROMEN

Op de grens tussen waken en slapen
ga ik terug naar de dagen van weleer
terug naar de dingen in mijn jeugd
ik zie de dingen toen ik nog jong was,
te jong om alles te begrijpen.

Nu is de tijd van spelen voorbij
om daarmee de tijd te verdrijven,
geen knikkers meer om te winnen,
geen opwindbare autootjes meer
om met de beren meet te gaan rijden

de bomen blijven voortaan staan
er wordt niet meer ingeklommen.
Toen de jeugdjaren voorbij waren
werd het een tijd van ouder worden
en speelden de tijd en ik een onderlinge spel.

Geen haar op mijn hoofd heeft spijt
dat ik in mijn verdriet geen vriend
op welke wijze dan ook geraadpleegd heb,
nu besef ik, dat ik meer had dan alleen
mijn speelgoed te gaan verliezen.

Er is veel meer dan alleen de beren
die plotseling waren vertrokken,
maar in mijn dromen zeilde ik rond de wereld
in mijn boot of vloog ik zonder angst

en beven rond de wereldglobe
en niemand mij te pakken konden krijgen.

MEEVOEREN?

Laat je meevoeren
op de golven
van het gegiechel
van engelen
en stort je hart
in een tomeloze
passie.

LOT UIT DE LOTERIJ

Aan mijn aandacht ontsnappen?
Nooit!
Want van jou alleen is mijn hart.
zo lang de aarde niet genoeg heeft van ons
ben ik mezelf en jij jezelf.
We spelen rollen in het leven
Ik, de liefhebbende en jij het lot
uit de loterij, waarin ik speelde.

ZOEKEN NAAR LIEFDE EN NAAR ELKAAR.

Laten we gaan vrijen, we smelten ons geluk tesaam
wat er van komt kan ons niet schelen
we vrijen die gedachten ver van ons vandaan
de nachten die ons staan te wachten zijn van puur goud
hoe lang deze duren kan ons niet schelen
zolang dit gevoel maar voor eeuwig aanhoudt
want we zoeken naar liefde en vooral naar elkaar.

Laten we gaan vrijen, we smelten ons lichaam tot één
wat er van komt dat zien wij dan wel weer
de uren vertragen, missen doe we er geen
ik lijk nu te zweven en jij wacht geduldig op mij
met ieder gevoel waar wij naar verlangen
met ieder woord die ze tegen mij zei
want we zoeken naar liefde en vooral naar elkaar.

Als we even rusten dan lachen we vooral naar elkaar
hoe dat overkomt kan ons niet schelen
niemand die ons ziet, want we zien slechts elkaar
we rusten heel even, dan gaan wij weer aan de slag
hoe lang ook het gaat ons nimmer vervelen
door ieder woord zoeken wij de liefde en vooral elkaar.

Ik ben verloren door die ogen als meren zo diep
of ik er in verdrink kan me niet schelen
je huid voelt zacht en als was onder mijn handen

zolang wij maar elkaar zachtjes strelen blijven
tot het punt waar wij naar verlangen
de overgave van onze moegestreden lijven
want we zoeken naar de liefde en vooral naar elkaar.

MIJN HART STOND STIL

Ik voelde mijn hart niet meer
en dacht dat mijn tijd nu was aangebroken.
De beker was tot op de bodem geledigd
en de straten glommen als nooit tevoren.

Ik zag de dood, maar hij zag mij niet,
maar wel de glinstering in zijn ogen.
Ik zag de afstand tussen het verleden en het nu,
de jaren die er tussen in zitten.
Ik heb het niet gedroomd, omdat ik al wakker was,
maar het is wel een droom die een eeuwigheid duurt.

Ik voelde mijn hart niet meer
en dacht dat mijn tijd was aangebroken.
De beker was nog half vol of half leeg
en de straten glommen als nooit te voren.

In de kamer
werden de lichten gedoofd
en niemand die mijn dood had geloofd.
Ik werd door engelen binnen gehaald.
Nu ziet het er naar uit
dat mijn leven beter wordt.

Ik voelde mijn hart niet meer
en dacht dat mijn tijd was aangebroken.
De beker was half leeg of half vol
en de straten glommen als nooit te voren.

MIJN HART STOND STIL

Ik voelde mijn hart niet meer
en dacht dat mijn tijd nu was aangebroken.
De beker was tot op de bodem geledigd
en de straten glommen als nooit tevoren.

Ik zag een kind die niet was overgegaan
ik zag de ogen nog te veel glimmen.
In de ogen stonden haar verleden en haar heden te lezen,
de afstand tussen die twee was te smal
ik wist dat ik nooit meer wakker zou worden
dat het een eeuwige droom was.

Ik voelde mijn hart niet meer
en dacht dat mijn tijd nu was aangebroken.
De beker was tot op de bodem geledigd
en de straten glommen als nooit tevoren.

En alle lichten, die overal nog branden,
werden langzaam gedoofd door een engel.
En geen van ons waren verbaasd, dat wij hadden te gaan.
De engel keek ons vriendelijk aan en zei:
Er is een beter leven voor jullie in het verschiet,
dus loop door en aarzel niet.

Ik voelde mijn hart niet meer
en dacht dat mijn tijd nu was aangebroken.

De beker werd tot op de bodem geledigd
en de straten glommen nooit als tevoren.

TWEE VAN MIJN OUDSTE VRIENDEN

Ik zag gisteren nog
twee van mijn oudste vrienden.
Ze waren daar lijfelijk aanwezig,
maar toch kreeg ik het gevoel
of hun geest elders vertoefde.
Ver weg op een andere plaats
bleef ik achter
en doodde de tijd
met beelden van een ver verleden.

Ik vroeg mijn twee oudste vrienden
of dat afwezig zijn hun hele leven behelsde.
Wie zou er wat mee opschieten? Vadertje Tijd?
Ook vroeg ik wat ze zoal dagelijks deden,
na school en wat voor werk ze deden.
Of zij met wazig te zijn de wereld aan konden,
nu zij hun geest laten vertrekken
als ze het zich nog konden herinneren.

Wie de reden van het zijn is vergeten
zal eenzaam de dagen slijten,
daar kan geen rijkdom tegen op!
Al is het leven de moeite waard-
en we moeten leven met onzekerheden-
toch geeft het niet meer dan het kan
als het leven in een luchtkasteel.

Twee van mijn oudste vrienden,

met hun druppelende kranen,
zittend op hun krakkemikkige stoelen,
lazen hun toekomst tussen de regels door.
Beiden waren eenzaam,
geen van hen had iemand die om ze gaf,
wachtten niet de volgende morgen af.
Want morgen zijn ze weg,
gevlogen als een vogel.
die uit een kooi wist te ontsnappen.

LIEFDESPERIKELEN

Een gevoel van liefde kwam op
in mijn ziel bleef het zitten
ik zag de liefde naar me toe komen
(ze bleek lief en oprecht)
de zon begon in mij te schijnen,
mijn botten juichten een voor een
en tijdens het praten lachte ik steeds
het prettige gevoel bleef me lang bij
ik keek en zag haar naar me lachen
ze kwam recht op me af
en in een uitgesproken zin
sprak ze: “Als lente een prettig
gevoel geeft, laat de zomer nu
dan maar komen en beleven wij
de liefde met elkaar.”

MET ZIJN TWEEEN IN BAD

I
Voel jij hetzelfde als ik
sinds de dag dat we elkaar ontmoeten
hand in hand zaten we in het gras
tegen beter weten in, omdat het zulk een mooi weer
was deze morgen vandaag.

II
Je zat naast me, in gedachten raakten we elkaar aan,
het heeft me vele keren tot rust gebracht
(zoals een vlieg in de web van een spin)
treurend om de gemiste kansen
niet benut, laten schieten.

III
Dit gevoel blijft heel lang hangen,
zoals een gele hemel, tenminste als men dit ziet
daar recht voor ons drijft een kameel
al dobberend gaat hij een kopje
onder hij gebruikt de deining wel.

IV
Waar vele appels bij elkaar hangen
vindt men hongerige kevertjes
onder het sap van de zoete vrucht
verloren gegaan onder haar zware last
onbenut, verloren vocht.

V
De cider breidt zich enorm uit
over velden, over grenzen
zwijgzaam met passie, vreugdevol en lief
een eeuwigdurende zoete geur
sinds de ondergang van Rome niet meer geroken.

VI
Zulk een leven te leiden, al zijn het slechts uren,
is een wonder dat wordt bespeeld
door zulke primitieve naakte bloemen,
door de natuur op drift geraakt,
terwijl de \hemel haar ogen sloot.
VII
Hoe alles verder zal gaan, mijn liefje?
Laten we onbeschaamd naakt verder gaan
zoals de aarde haar schoonheidonverbloemd toont
en haar lichaam onder controle houdt,
zodat de hemel van haar kan houden. Of niet!

VIII
Zou ik willen datje mij zou onderwerpen,
jij die me alles bent en meer,
we zijn niet van elkaar, noch slaaf, noch vrij.
Waar dan het misverstand ontstaan is?
Door woorden, die slechts woorden zijn.

IX
Zit je geest in een fles, ik zal hem laven
alles zien met jouw ogen, jouw hart zal ik dragen
ik tel met liefde alle slagen, ik zal drinken
van jouw ziel, op jouw liefde zal ik klinken,

in het leven als ook in de dood.

X
Ik zal naar jouw lichaam hunkeren, het aanraken
en dan naar je toe kruipen. Ik geef een kus
en zie hoe jouw ziel zich langzaam ontsluit
met mijn lippen proef ik jouw warmte van binnen
als de klok steeds verder tikt.

XI
Ben ik al zo ver gekomen
in deze korte tijd ben ik klaar
met jouw lichaam te proeven
voorwaarts mond en doe je werk
onder een hemel van glanzende diamantjes.

XII
En juist toen ik het leven begon te leren-
de draad bleef strak zonder te breken-
het was een oude truc, zo moet ik bekennen,
de draad van eeuwige passie, liefde, maar ook van pijn
vandaar dat onze harten het zullen uitschreeuwen.

DE MEREL, DE LIJSTERBES EN IK

Zingt de merel
in de lijsterbes
het hoogste lied:

Het leven
is niets anders
dan de voortzetting
van een nachtmerrie,
waar geen einde
aan dreigt te komen.

Ritselt de lijsterbes,
met al zijn bladeren,
als een wind door het riet:

Een droom
is niets anders,
dan een weerspiegeling
van een illusie,
dat nooit en te nimmer
waarheid zal worden.

En ik loop
er onder langs
en luister wel,
maar hoor het niet.

SCHOONHEID PART 1

Ik liep over straat langs vele wegen
daar kwam ik een schoonheid tegen.
Mijn ogen verblind, mijn onrust nam toe.
Zo een schoonheid

Schoonheid, zie hoe ze gaat
naar huis waar dat ook staat.
De spiegel van de hemel opent al haar poorten
om deze schoonheid tot haar te laten behoren.

Schoonheid hoe je daar gaat
naar huis waar dat dan ook staat.

Ik heb nimmer nog zo'n schoonheid gezien,
maar ze ligt hier nu naast me en bovendien
is ze zoals een vlinder teer en vol schoonheid is.
En is ze verdwenen, dan weet ik nu al dat ik haar
mis.

Schoonheid, zie hoe zij loopt,
deze schoonheid is waar een ieder op hoopt.
Door haar opent de hemel al haar poorten
om deze schoonheid tot haar te laten behoren.

Schoonheid hoe je daar gaat
altijd op weg, waarheen je ook gaat.
Schoonheid, zie hoe jij loopt,

jij bent precies waar iedereen op hoopt.

De Spiegel van de hemel opent al haar poorten
om deze schoonheid tot haar te laten behoren.
Zelfs de spiegels van de hemel vinden geen
evenbeeld,
zoals jij bent schoonheid, zoals jij, schoonheid.

SCHOONHEID PART 2

Ik liep over straat langs vele wegen
daar kwam ik een schoonheid tegen.
Mijn ogen verblind, mijn onrust nam toe.
Zo een schoonheid

Schoonheid, zie hoe ze gaat
naar huis waar dat ook staat.
De spiegel van de hemel opent al haar poorten
om deze schoonheid tot haar te laten behoren.

Ik zag nog nimmer z'n schoonheid
en zij zag mij niet echt staan.
En juist toen ik haar naam riep,
vloog zij klapwiekend weg.

Schoonheid hoe je daar gaat
naar huis waar dat ook staat.
De spiegel van mijn ziel opent al haar deuren
om deze schoonheid tot haar te laten behoren.

De spiegel van mijn ziel opent al haar deuren
en zag de schoonheid van haar wezen.
De spiegel van de hemel opent al haar deuren
om deze schoonheid tot haar te laten behoren.

WIL JIJ

Wie zal mijn liefje zijn
wie zal mijn leven zijn
wie zal de ban verbreken
wie zal mijn nachten verlichten
zou jij mijn licht willen zijn
zou jij het verschil tussen licht en donker willen zijn
zou jij mijn liefje willen zijn.

Wil jij mijn liefje zijn
wil jij mijn leven zijn
wil jij die ban verbreken
wil jij mijn nachten verlichten
wil jij het licht voor me zijn
wil jij me het verschil tussen licht en donker laten
zien
wil jij mijn liefje zijn.

Wil jij mijn liefje zijn
deze nacht en de volgende
jij bent de sterren in de heldere hemel
jij bent de maan die op mij schijnt
wil jij dat licht voor mij zijn
wil jij mijn dag en nacht voor mij zijn
wil jij vannacht voor mijn zijn.

WINTER

De wind in de winter
blaast guur over het land
verliefd te zijn op jou
is het beste wat me overkwam.

De wind in de winter
is zo koud en blijft nog lang aan
in bed liggen wij warm
ik voel je handen over mijn lijf gaan.

Kom met me mee, mijn schat
de winter is koud, so what
jij bent zo warm
van deze winter hou ik van.

De wind in de winter
het houdt enorm lang aan
je bevriest als je niet op let
de noorderwind is koud en vriezend.

De liefde houdt ons op de been
we liggen over elkaar heen
hier in bed is het lekker warm
in deze winter zijn we geen van twee alleen.

Kom met me mee, mijn schat
dan ontdekken wij steeds wat
jij bent zo warm
van deze winter hou ik van.

WITTE SPUL

Voordat je mij slapend verlaten zal
wil ik nog een kus van jou
een flitsende, langdurige kus
een lus van een kus.

Een lading van het witte spul
gaf jou dromen heel erg gul
wel honderd mannen en een miljoen plezier
gaf het voor ons beiden hier.

De dag is licht, maar vol van pijn
het slokt me op in zijn gebroken brein.
De tijd dat jij niet bij mij was
rende jij rondjes, heel erg maf.
Tot je weer bij me kwam.

De lading van het witte spul
gaf me dromen heel erg gul
wel honderd vrouwen en een miljoen plezier
gaf het toch voor ons beiden hier.

Zeg me waar de grens voor ons is
de hemel die ons nooit meer mist
Geen reden om te blijven hier
zolang jij en ik maar vlieg.

Want de lading van het witte spul
gaf ons dromen heel erg gul

wel honderd romen en een miljoen plezier
gaf het toch voor ons beiden hier.

DRUKKEN

Het drukt op mijn geweten
het drukt op mijn geest.
Ik kan ze maar niet vergeten
de dagen die zijn geweest.

DUBIEUS?

Ik zal gelukkig zijn
al is het maar voor even.
Maar help me dan
door de koude winter heen,
ik en mijn zorgen
verborgen in de dageraad van morgen.

Zal ik slapen of blijf ik waken,
overleef ik wel de heldere dagen?
Overtreft de dame mijn stoutste dromen,
de tijd met allerlei aangenaam verpozen
flinter dun, ijzersterk zonder tegenzin
zo wonder mooi als de web van een spin.

Zo gaat het al het hele leven,
alle dingen veranderen niet
al wil ik er alles voor geven
is het toch dat ik het niet zie
door het leven rustig te bevaren
zal ik van binnen de vrede bewaren.

DUIZEND REDENEN

Zou je in mijn ogen kijken,
dan zou de wereld stoppen met draaien.
De wind zou zich neervleien in de weide,
de maan zou zich bevroren weten.
Want jij bent even helder als de zon.
Je lijkt zo perfect, zo naakt en klein
en voor even lijkt de wereld
een perfecte plek te zijn.

Ik zocht niets achter de glans,
die zich meet aan jouw liefde,
maar als slechts een herinnering
hoe ik leefde zonder jou.
Hoe het kwam dat wij elkaar vonden,
is voor mij een essentieel gegeven
en wordt het plotseling duidelijk
waarom jij bent gekomen.

Ik hoop dat ik je kan geven,
wat jij aan mij hebt gegeven
en zolang ik zal leven
zal ik je beschermen.
Ik hoop dat je mijn woorden voelt
wat ik ook voel
en wat ik ook echt meen,
geen woord vangt wat ik bedoel.

Als je in bed in mijn armen ligt

en je kijkt blij en voldaan mij aan
dan voel ik van binnen warm
en wacht de kou slechts buiten deze muren
waar men moet ploeteren en waar
alle tranen zachtjes zullen verdwijnen
in een moment dat de wereld weer normaal is.

EEN BEKENDE ONBEKENDE GESCHIEDENIS

De lucht is hemelsblauw,
een witte ster staat hoog
peddels duiken het water in,
beroeren het zoete vocht
ze vluchtten voor de geweren
van de indringende witte mannen
uit hun land van eeuwen,
hun geboortegrond,
die wij nimmer meer kunnen zien.

De rook is vurig blauw,
dat komt uit de monden van geweren
waarmee zij onze kinderen vermoorden,
onze vrouwen afslachten, onze ouden doden
de helden van het Amerikaanse leger
dat geen onderscheid maakt
op wat en wie zij doden
zolang zij maar kunnen doden
met hun God aan hun zijde.

Ons vlees werd van ons afgenomen
te veel om te kunnen dragen
zij verrotten nu op onze gronden
de troepen van de witte mannen
kijken er allen maar lachend naar
onze ogen richtten wij naar boven
met alleen de vraag waarom

want zoveel vlees ging in één keer
zo nutteloos verloren.

De lucht was vervuld van rotting,
de huid teerde langzaam weg
de botten kwamen naar buiten,
terwijl het vocht in de grond liep
zou ik een stroper zijn, dan
zou ik de huiden hebben afgestroopt
en ze doorverkocht hebben
aan de hoogste bieder of aan
de eerste de beste vrouw.

Dan zou ik nu weten
hoe zacht haar huid was geweest
daar op de bodem van hun land
op bedden van wilgentakken
onder een hemel van hertenhuid
met een witte ster hoog in de lucht
geen boten in het water op de vlucht
slechts een eeuwigdurende rust
op onze geboortegrond.

EEN TOMELOZE LIEFDE

Wat haar lichaam me het meeste schonk
was haar liefde die ik dronk.
Ik droeg mijn ziel aan jou over
door jouw lichamelijk getover.
Maar de grootste en oneindige pret
beleefden wij samen in het bed.

Wierp me spontaan in jouw armen
zodat jij met jouw lichaam mij kon warmen.
Onze passie kwam volledig tot bloei
die nacht waarin de wind zo woei.
Lachend kwam ik te liggen op je borsten
waar ik al die tijd al naar dorstte.

Wij konden in die nacht samen gaan assimileren
nadat wij naakt lagen zonder onze kleren.
Jij stapte elegant uit al jouw lagen
zonder iets te zeggen, zonder iets te vragen.
Onze lichamen roerden elkaar zachtjes aan
om daarna als beesten te keer te gaan.

Naakt tegen naakt zo was het die nacht
jouw lichaam als een glanzende smaragd
vond ik waar ik al jaren naar zocht
een vrouw met een onbedwingbare hartstocht.
Eén die geeft en één die neemt
geen enkel voorstel vind ze vreemd.

Die heerst als de nacht weer is gekomen
me opwarmt tot aan het stomen.
Dicht en zo heftig te samen
om niets voor om te schamen.
Ons genot kan nooit worden gedoofd
al worden wij wel van onze zinnen beroofd.

En hebben wij daarin ons verlangen gevonden
dan weet niemand hier iets van af.

EEN DAG ZONDER LIEFDE

Ik loop langs je huis
en probeer je weer te ontmoeten.
Misschien dat de mensen
die dicht bij jou wonen
weten waarom jij weg moest gaan.

Als ik wist zou ik de waarheid aandurven,
maar ze zeiden dat ze het niet wisten.
Ik moest me geen zorgen maken
en vooral aan mijn gezondheid denken.
Er komt ooit wel een ander.

Maar een dag zonder liefde
is een eeuw vol ledigheid.
Jouw liefde brengt me liefde en geluk
waar ik niet meer zonder zou kunnen.

’s Nachts lig ik wakker en denk aan jou
waarvan ik dacht: Die wordt eens mijn vrouw.
Mijn hoofd loopt over van onzekerheden
en zit vol confusie.
Onze liefde bleek niets meer dan een illusie.

Ik zal het nooit weten,
er is niets om het te antwoord te vinden.
Wat ging er door je hoofd,
toen je mij jouw toekomst had beloofd
of was dat slechts schone schijn.

Wordt dit dan toch een dag zonder liefde
en blijft dat een eeuw vol eenzaamheid?
Jouw liefde bracht mij veel geluk
waarom is dit wat mooi was weer stuk?

ZOMER

De zomer duurt langer dan anders dit jaar,
de zon schijnt stralend de hele dag
en dat alles komt alleen door haar
nu ze bij me is en naar me lacht.

Een zachte bries, die dartel met ons speelt,
maar daar merken wij niets van.
Een vleugje wind, die onze huiden streelt
en ons verwarmt zolang het kan.

Meeuwen vliegen in die zomerpracht,
hoog in de lucht boven een woeste zee.
ze zijn dan voortdurend op jacht
en nemen dan voer voor hun kleintjes mee.

Golven rollen brullend op het strand
en spetteren lustig in het rond.
We kijken er geamuseerd naar, liggend in het zand,
kleine kreetjes ontsnappen uit je mond.

Vogels zingen ons toe vanuit de hoogste bomen
en zitten verscholen in het verse bladergroen.
Geen van ons tweeën hadden het ooit durven
dromen,
wij gaven daar heel schuchter onze eerste zoen.

In de gouden rand van de zomertijd
blijft de zon voor eeuwig schijnen.

Wij raken de weg naar elkaar nimmer meer kwijt,
noch dat het gevoel ooit eens zal verdwijnen.
Een zachte zomerse bui valt op onze hoofden
en verkwikt ons voor de volgende dagen.
Onze liefde blijft voor altijd, zoals wij elkaar
beloofden,
wat zou een mens dan nog meer willen vragen ?

EEN KUS

Al de geurige honing in een raat van een bij
al de ingesloten kleuren in het midden van een juweel
al het getwinkel van een druppel in de schaduw en zon van de zee
al de geuren en de ingesloten kleuren en het getwinkel van een druppel,
nog helderder dan de honing in een raat
nog twinkelender dan een diamant
niets is twinkelender of helderder onder de sterren
dan een kus van jou.

EEN NACHTELIJKE ONTMOETING

De grijze zee en haar heuvelland daarachter
en de halve, gele maan boven in de lucht
met wolken als kleine golfjes die op en neer
springen,
vooruit glijdend naar een staat van slaap
terwijl ik over het dek loop naar de trotse boeg
die het snelle water doorklieft.

Ik vang een blik op van een warm strand,
een veld vol warrige bloemen en een boerderij.
Dan hoor ik een zacht voetgetrippel boven mijn
hoofd
en het geluid van ccn scherp gekras.
Een gloed van blauw overspoelt mijn ogen,
een zachte stem, die lieve woorden tot mij spreekt,
dan het geluid van het kloppen van 2 harten naast
elkaar.
En zie: een nachtelijke ontmoeting was daar.

EEN PAREL VAN EEN VROUW

Een simpele hand met vijf vingers
een simpele ring met een diamant
de prijs voor een ieder onbetaalbaar
fluistert wat zij voor hem betekent
zoals de gouden letters in de lucht
zoals zijn hart in vuur en vlam staat
en hij zich als een koning voelt
zoals een dwerg hardop zei
zich tussen hemel en aarde zweeft
door de kracht en de macht van de diamant.

De vrouw, zich onwetend van zijn gevoel,
met kleine woordjes al zeer gevleid
is in een stil gebed gegaan, zich
verlaten wetend van de ware wereld
in conclaaf gegaan bij de witte tijger
zich bevrijdend van haar witte ziel
is ze verwikkeld in een innerlijk gevecht
door haar hart dat in vuur en vlam staat
en zij zich afgewezen weet
zoals een dwaas haar in haar oor fluisterde
als hij recht op haar af komt zweven
door de liefde voor deze vrouw.

EEN POETISCHE AANBLIK

Een blauwe lucht, waarin witte wolken drijven;
een ijzige wind, die om de oren slaat;
bomen statig op een rij met takken die om de lente roepen;
zijn haast Koninklijke getuigen van
een ballet van gekscherende vogels

DE TREINREIS

De trein rolt langzaam vooruit,
ik doe het raampje open zodat
frisse lucht naar binnen kan stromen.
Het vult mijn gezicht en haar
en verfrist daar waar ik zit, waarop
mijn mede passagiers beginnen te klagen.

Met de adem van lente regen
vertoont het water haar sublieme macht
waardoor de wereld lijkt te huilen.
De grens tussen stilstaan en rijden vervaagt
enkel door slecht zicht maar en
geen van allen zien dit verschijnsel
en zullen elkaar daarover niets vragen.

De geur van de nacht dringt binnen,
de hoop rijst van lekker te kunnen slapen.
De trein dendert nu voort op haar rails,
stations schieten voorbij als neonreclames.
Ik lig nu diep te ronken en vergeet alles,
daardoor heb ik niets meer in de gaten.

Ik lig stil als de deuren open gaan,
een verfrissende geur dringt mijn hersens binnen.
Plotseling zit zij daar, pal tegenover mij
en mijn hart en ziel beginnen te zingen.
Deze reis mag voor mij een eeuwigheid duren.

EEN EERSTE VERKLARING

Ik geef toe dat een vlinder
zich verstopte in mijn haar
maar dat kon me niet schelen
want het voelde echt niet raar
Al schudde ik mijn hoofd
heen en ook weer weer
dan bleef die muis zitten
en dat deed niet echt zeer.

Die muis zocht naar de waarheid
diep van binnen in mij
vandaar dat hij op me kwam zitten
daar voelde het vrij.
Die muis was mijn tweede ik
en dat was wel weer raar.
Die zocht naar antwoorden
via het zitten in mijn haar.

Keek ik in de spiegel dan zag ik het grijze kopje
als een koning op een veel te groot paard
met zijn ontwapenende bruine ogen
was hij miljoenen waard.
Zij bleven naar mij staren en spraken een taal
een taal die ik dus niet versta
pas in de donkere, lege nachten
zei ik tegen de muis:
Ik denk dat ik maar ga.

EEN GEDACHTE

Engelen vliegen heen en weer
lachen en zingen hun lied
spelen harpen boven je wieg
zwermen als vliegen om je heen
knipogen naar het leven.
God lacht in zijn immense Hemel
wat Hij ziet vindt Hij goed
de engelen die boven je zweven
zijn te mooi om waar te zijn
ik kijk en bewonder je gezichtje
en geef een kus op je kleine voorhoofd
want ik weet zoals iedere ouder
dat dit niet lang zal duren
en je ooit dit zal moeten missen
wanneer je opgroeit
tot een volwassene.

EEN VELD

Een veld van afgestorven mos,
dat in een mei ochtend in de zon ligt,
bevochtigd door druppels blauw water
is het kraambed van gele bloemen.

De lucht- bevolkt door woeste wolken-
zo dichtbij maar ook zo ver af
plukje voor plukje in het gedeelde blauw
is het kraambed van nieuwe sterren.

Dat de wereld dit mag aanschouwen
is een ware Gods geschenk
waar alle engelen om moeten lachen
als het in jouw ogen wenkt.

EEN WOORDLOOS GEDICHT

Lippen
even warm als jij
die soms te vroeg spreken
die een verhaal vertellen
even droevig en diepzinnig
als jij.

Lachen
om een stralende zomerzon
even aangrijpend als jij bent
die me een verhaal uitbeeld
dat me bezighoud en aantrekt
even droevig en huilend
om zoals jij bent.

Ogen
die ramen
van je ziel zijn.
Ogen
die van
jou zijn.
Die ogen
die mij vertellen
even droevig en diep
zoals jij bent.

Tranen
onuitgesproken woorden

zeggen de waarheid
vertellen een verhaal
even droevig en diepzinnig
zoals jij bent.

ENGEL

Het oogt zo vreselijk mooi,
maar ook ze teer en beangstigend
deze vervaarlijk uitziende schoonheid.
Een engel mengde zich onder ons,
was amper voor ons te bevatten
en konden deze last dan ook niet dragen.
Om haar in deze stilte te aanschouwen,
’s avonds in de slaapkamer
vouwen wij ons hoofd te samen.
Haar Goddelijke ogen kijken je aan
en vragend wijst zij naar het bed
om daar verder met haar verhaal te gaan.
In haar ogen rennen kinderen heen en weer,
zij spelen uitgelaten hun spel tot in de kleinste
plekjes,
vol van vreugde, liefde en spelen het spel dat zij
begeert.
Het zijn de kleine dingen, waar wij aan voorbij gaan,
denkend dat wij ze nimmer meer zullen zien.
Jagen dromen na en zien ze niet meer staan,
of sluiten ons hart af bovendien,
waardoor engelen ons zullen mijden.
De engelen zoals ze waarlijk zijn
in ons denken, in ons zoals wij zijn,
als kinderen zo blij, spelend in de open lucht,
geboren uit een vrouw, wier hart zachtjes zingt
in verbondenheid met haar gezin,
als een engel dat haar aan ons verbind.

ENGEL PART 2

Jij bent een engel in de morgen
jij bent een engel in de nacht
en plotseling had ik je nodig
wie had dat van mij gedacht.

Jij bent een engel in de morgen
jij bent een engel overdag
en plotseling had ik je nodig
en het is dat dit zo komen mag.

Ik geef je alles wat ik heb
al is dit niet zo veel
mijn dromen, mijn liefde,
mijn zere keel
van het schreeuwen
van je naam
al is die dan vervlogen
door het open raam.

GETUIGEN

Alles om me heen spreekt over liefde
toch is er onderling een groot verschil
een verschil van gevoel en reden
dus zoek ik niet verder meer
de hemel is mijn getuige.

Hoop en vreugde houdt me op de been
en in de komende jaren ook in leven
een andere blik uit het verleden
een ander soort hartzeer
moet de zinnen overtuigen.

Wat ik ook zeggen kan over de liefde
en over het helemaal verliezen in haar
tot mijn lichaam vanzelf gaat spreken
en wij niet meer om elkaar hoeven te smeken.

GROTESK GEZICHT

22 mannen
en een witte bal
rennen
over het
groene gras.
Een in
het purper geklede
clown
draaft er
achter aan
met zijn fluitje
aan zijn mond
gekleefd.
Achter
in het veld
huppelt een
bruin konijn,
die altijd al
een topvoetballer
wilde zijn.
Hij smaakte
heerlijk.

HART VREES NIET

Kamer voor kamer
speur ik het hele huis door.
We wonen daar samen.
Hart, vrees niet, want ik zal haar vinden
is het niet nu, dan wel de volgende keer,
dan laten wij de problemen achter ons.
Haar geur liet ze achter in alles wat er staat

De dagen werden zwaar
om voor haar te dragen.
Ik probeer haar te helpen,
wat maar mondjes maat gelukt.
Van het centrum van ons huis
liggen herinneringen voor het oprapen,
herinneren mij aan verloren kansen.
Verlies mijn dagen door te denken
dat alles anders had kunnen zijn.
Zo dicht bij maar ook zo ver af.
Zulke diepe kloven zijn mens grootste ongeluk.

HEELAL

Een regenboog
hoog in het gewelf,
zei tegen het heelal
kleur voortaan maar zelf.

INTENS VERLANGEN.

Die gekke meid speelt haar muziek
haar speelse gedichten ontroeren mij
ze danst op het ritme van de golven
haar lichaam is een gedicht op zichzelf
ze klimt, ze valt maar weet zich geborgen
verborgen verlangen ontbreken haar niet
zichzelf verloren, gevonden door mij.

Geen wonder dat de Goden haar missen
haar schoonheid onder de aandacht bedolven
staat stevig onder de invloed van haar muziek
gespeelde onschuld van alles ontheven
waar zij ligt ontpoppen zich bloemen
haar heldere stem verbergt een hemels verlangen
in zichzelf verloren, maar gevonden door mij.

DE WINTER IS BIJNA VOORBIJ

De winter is bijna voorbij
er komen betere tijden
voor jou en voor mij
en is de winter dan bijna voorbij
dan is het uit met het koulijden.

De dagen lengen zich weer
iedere dag een beetje meer
de zon schijnt op onze lijven
als wij buiten liggen te vrijen
onder een appelboom of een peer.

Onbewust zijn we van haar
die ons bekijkt, zoals we zijn
en denkt zo maar
was ik maar bij hen daar
dat vrijen met hen lijkt mij fijn.

De dagen lengen zich weer
iedere dag een beetje meer
de zon schijnt op onze lijven
als wij buiten liggen te vrijen
onder een appelboom of peer.

Ze stapt op ons af en zie
zij vraagt om mee te vrijen,
te vrijen met ons drie
een paradijs opende zich hier

en werd het een paar hete tijden.

De winter is bijna voorbij
er komen betere tijden
voor haar, voor jou en voor mij
en is de winter dan bijna voorbij
dan liggen wij met zijn drieën te vrijen.

JIJ MAAKT MIJ BLIJ

De winter is koud.
De wind blaast haar ijzige adem,
maar mijn liefde voor jou koelt nimmer af.
De wind is zo koud,
we kruipen steeds dichter tegen elkaar aan,
we houden ons warm,
terwijl je hand overal aan me zit.
We dansen zo de hele nacht door,
we hebben van de kou niets door,
jij bent zo mooi en warm voor mij,
deze winter maakt me intens blij.

De wind blaast ijzig,
ze bevriest onze handen.
Het rolt uit het noorden dwars over land.
De wind is zo koud,
maar onze liefde bevriest niet,
de warmte zit in ons en jouw handen
nemen bezit van mijn lijf.
We dansen de hele nacht door,
van de kou hebben wij niets door,
jij bent zo mooi en warm voor mij
jouw lichaam maakt mij intens gelukkig en blij.

JOUW GEZICHT

Niemand heeft zo'n mooi gezichtje als jij
fijn geschilderd met gouden verf
zoals in schilderijen staan afgebeeld
geen schaduw verbeeldt enig foutje
over jouw twee lippen, zachtjes gesloten
in jouw voortreffelijke aangezicht
zelfs niet als je mond een lach vertoont
zal de aarde doen wankelen.
Haar geur is als de wind van rozen
die om haar heen blijft hangen
en waar je deze aroma wil opsnuiven
als de gekleurde aura's van de regenboog.
De overgave van haar lippen
op de tere huid van jouw lichaam,
de overgave van haar lichaam
met haar vingers in je huid geklauwd
waar het blijft rusten op de kale, koude grond
haar naar fruit gevormde borsten rusten op je lijf,
haar kin opgeheven als een fiere vlag
ik weet dat dit de ultieme liefde is
door de hemel gezonden engel
die daarmee de verbintenis verlengt
terwijl de lucht in tweeën gespleten wordt
maar door haar aanwezigheid, denk ik,
dat wij tweeën wachten op een wonder.

LIEFDE IN KWADRAAT

Mijn geliefde heeft liefde in haar ogen
en waar ze naar kijkt, beziet zij met een glimlach
op weg naar het eeuwige samenzijn
bij wie haar hart het meeste smelt.

En ligt haar weg bezaaid met rotsen
dan worden ze met liefde opgeruimd
haar trots groeit uit tot blozen
en haar lichaam zwelt van meelij.

Nederig blijft zij hopen en die hoop groeit
niet alleen in spreken, maar ook in denken
aan hem, die haar hart heeft gewonnen
en bij wie zij eeuwig samen wil zijn.

Haar blik, de glimlach in haar ogen
spreekt boekdelen in het kwadraat
dat alles te mogen meemaken
is mij mijn leven wel waard.

LIEFDE OP DE ROTS

Er was zoveel perfectie te zien
de blauwe zee, het groene gras,
maar bovenal de schoonheid
van jou, die naast mij lag.
Hadden wij in deze zomer
het overzicht behouden,
dan zou iedere stad zich
wel twee maal op het hoofd
hebben gekrabd.

Waar de mens vreugde ademt
met lucht van zo lang geleden,
dan leeft het hart goed op
en juicht vanuit zijn toren.
Daar waar de vreugde ingetoomd
wordt door schande en het goud
voor het oprapen lijkt te liggen,
draaien wij ons nog een keertje om.

Nu dat de herinnering blijft
en de gedachten wordt aangetrokken,
door onze liefde compleet vervuld,
door onze daden tot hoogten gebracht,
aanschouwd door de bloesem der bomen
en aangemoedigd door het ritselen
van de vele blijde bladeren,
liggen wij tevreden en voldaan naast elkaar.

MIJN KLEINE MEID

Mijn kleine meid,
zit maar naast me
en tel je vingertjes
er is nog zoveel
tegen je te zeggen
wat ik voel
is met geen pen
te beschrijven
tel je zegeningen
mijn kleine trieste meid.

Kijk naar buiten
en tel de druppels
neervallende regen
het zijn de engeltjes
die om ons huilen
wat ik zeg
is met geen woord
te omschrijven
tel de druppels
die net als in mij vallen.

Mijn kleine meid
tel je vingertjes maar
blijf zitten waar je zit
er is nog zo veel
aan je uit te leggen
hoe ik me nu voel

is met geen pen
te omschrijven
tel je zegeningen
mijn kleine trieste meid.

ONVOLDONGEN VRIJEN

Ja, laten we gaan vrijen,
wees niet bang er zijn
geen verplichtingen voor een ons
al zijn we dan ook met zijn drie
beloftes maken wij toch niet.
Nu zullen wij gaan vrijen
tot de hemel haar tranen laat
ja, we zullen vrijen
tot sterren ons voorbij zullen gaan.

Ja, laten we gaan vrijen,
zie je niet je bent er klaar voor
er zijn geen verplichtingen voor een ons
we vrijen alleen omdat we het willen
en beloftes maken wij ook niet.
Nu zullen we gaan vrijen
tot de hemel haar tranen laat.
Ja, we zullen vrijen
tot de sterren ons voorbij zullen gaan.
Wij zullen gaan vrijen,
tot onze vonken de hemel raakt
ja, we zullen vrijen
tot de sterren ons voorbij zullen gaan.

GEDICHT VOOR MIJN KINDEREN PART 1

Erf de wind
erf de geest
erf het leven, mijn kind
erf alles en maak van je leven een feest.

Erf de aarde
erf de dromen
erf alles op zijn juiste waarde
erf een veilig onderkomen.

Erf de zon
erf de maan
erf datgene wat je hebben kon
erf een goed en rechtvaardig bestaan.

Erf de toekomst, die onzeker is,
erf het heden
erf alles wat je hebt, niet wat je mist
erf en vergeet het slechte uit het verleden.

Erf de sterren, die schijnen
erf de heldere, blauwe lucht
erf en vergeet dat alles zomaar kan verdwijnen
erf en vergeet niet het plukken van de vrucht.

Erf je ziel en doe daar je best voor
erf de liefde en beleef het met zijn twee
erf je leven, daar doe je het allemaal toch voor

erf de liefde en doe daar je hele leven mee.

GEDICHT VOOR MIJN KINDEREN PART 2

Soms als ik slapen ga
en ik leg mijn hoofd op het kussen te rusten,
dan ga ik alles van vroeger nog eens na
en soms lijkt mijn tranenstroom niet meer te sussen.

Ik weet, dat huilen geen zin heeft
over de tijden van voorheen.
Dat het leven soms veel pijn geeft
en ook soms het gevoel van ik ben alleen.

Het leven gaat soms zo anders
dan jezelf graag had gewild.
Je kan het leven niet buigen,
maar wordt nooit en te nimmer gedrild.

In welke vorm je het ook giet,
de contouren blijven vaak heel vaag.
Soms geeft het veel vreugde en soms weer niet,
maar blijf altijd hopen op een betere vandaag.

Put moed uit dit leven
al is het voor de volgende keer.
Door veel liefde te vergeven,
ontvang je telkens weer meer.

En mocht het zo af en toe wel eens wat wegslippen,
weet dan: Morgen is er weer een dag.
Loopt het leven soms wat op de klippen,

verzet je er dan tegen met een grote lach.

Weet ook, we staan altijd voor jullie klaar,
samen zullen wij gaan vechten.
Jullie hoeven slechts te kloppen en de deur zal opengaan,
gezamenlijk zullen wij het pleit wel slechten.

De strijd is heftig, maar duurt kort,
ik sus mijzelf rustig in diepe slaap
en als ik de volgende dag weer wakker wordt,
dan dank ik God dat jullie naast me slaapt.

GEEF DE VRIJHEID DOOR MIJN KIND!

Vlaggen wapperen in de straat
de kleuren rood, wit, blauw.
Men denkt terug aan zo veel haat,
al keek niet iedereen even nauw.
Want bij hen is geen mening die telt,
alleen gebracht door nodeloos geweld.
Geen geloof telt immers toch zo zwaar,
als men daardoor elkaar naar het leven staat.
Al lijk ik op de Satan, toch ben ik het lam
en vergeet alle rotzooi als het even kan.

Geef de hoop nooit op, mijn kind!
Blijf oprecht, zo hoop ik, mijn kind!
Geef de vrijheid nooit op, mijn kind!
Geef de hoop door aan iedereen, mijn kind!
Geef de vrijheid aan anderen door, mijn kind!

Bommen vliegen in de nacht,
vreemde soldaten vechten zij aan zij.
Zij hebben zo velen offers gebracht
voor de vrijheid voor jou en mij.
Daar lopen nu mensen zonder huis
in een tijd van vrede en vrijheid.
Zij hebben geen baan, geen thuis,
raakten aan de banken alles kwijt.
Al lijk ik op Satan toch ben ik het lam
en vergeet alle rotzooi als het even kan.

Geef de hoop nooit op, mijn kind!
Blijf oprecht, zo hoop ik, mijn kind!
Geef de vrijheid nooit op, mijn kind!
Geef de hoop aan anderen door, mijn kind!
Geef de vrijheid aan iedereen door, mijn kind!

Mensen roepen: Dit nooit meer
en beschamend kijken ze in het rond.
Bij de zoveelste oorlog weer
houden zij immers hun grote mond.
Daar lopen mensen op de vlucht
voor verkrachting, dood of ander geweld.
Een gewetenloze schurk is de schuld
voor wie echt geen enkel leven nog telt.
En al lijk ik op Satan toch ben ik het lam
en vergeet alle rotzooi als het even kan.

Geef de hoop nooit op, mijn kind!
Blijf oprecht zo hoop ik mijn kind!
Geef de vrijheid nooit op, mijn kind!
Geef de liefde aan anderen door, mijn kind!
Geef de vrijheid aan iedereen door, mijn kind!

Mensen slaan massaal op de vlucht,
voortgedreven door de donk're nacht.
Heel de wereld ziet het en zucht
zonder dat er ware vrede wordt gebracht.
Maar bij ons wapperen de vlaggen in de straat
in de kleuren blauw, wit, rood.
We denken even terug aan zo veel haat,
maar zien niets in bij de ander zijn dood.

Al lijk ik op Satan, toch ben ik het lam
die je er aan herinnert, al is het even dan.

Geef de hoop nooit op, mijn kind!
Blijf oprechter trouw, mijn kind!
Geef de vrijheid nooit op, mijn kind!
Geef hoop en liefde aan anderen door, mijn kind!
Gun de vrijheid van iedereen, mijn kind!
En geef de vrijheid aan iedereen door, mijn kind!

Ik zie een vrouw bij een arts
ze heeft veel te lang gewacht.
Een schijnheil van een druiloor
zegt, draag jij dit kind maar door.
Maar ze kan alles lang niet aan
en zegt het leven heeft voor mij geen zin
een priester kijkt haar bitter lang aan
en praat tegen haar tegen beter weten in.
Al lijk ik op Satan, toch ben ik het lam
en vergeet deze rotzooi als het even kan.

Geef de hoop nooit op, mijn kind!
Vecht voor je vrijheid, mijn kind!
Geef de hoop nooit op, mijn kind!
Geef veel liefde aan anderen door, mijn kind!
Gun de vrijheid aan iedereen, mijn kind!
Geef de vrijheid aan anderen door, mijn kind!

HET IS NU OF NOOIT MEER

Liefje, het is nu of nooit meer
stappen we samen onder de douche
jouw hart is een rusteloze woning met vele kamers
en ik voel dat je me graag in je opneemt
maar angst weerhoud je om dit te doen.
Misschien ook uit angst voor wat ik zou willen doen
maar van één ding kan je zeker zijn
dat ik je goed zal verzorgen en je liefde in me bewaren
als je tenminste mijn liefde wil accepteren.

Liefje, het is nu of nooit meer
hou je van me zoals ik ook van jou hou
jouw hart is een rusteloze woning, sluit geen enkele kamer af
vertelde je dan niemand over de pijnen die dit geeft,
terwijl er nog zo veel te leren valt
en ik wil je dolgraag les geven als ik je bereiken kon
om zo jouw hart te kunnen winnen.

EEN PASSANT IN HET LEVEN

Ik ben gewoon een passant
in dit leven
Ik vlieg door het heelal
door God gegeven
het maakt niet uit
wanneer de vlucht wordt afgebroken
het maakt niet uit
waar ik kom te rusten.

Ik reisde door alle steden,
ik ging door alle streken
ik ontmoette vele mensen
in vele steden had ik een liefje
maar het maakt me niet uit
of ik daar ooit nog zal komen
het maakt me niet
of mijn reis wordt afgebroken.

Misschien ben ik zo als een vogel
die hoog in de lucht zijn kunsten vertoont
of misschien ben ik zo als een slang
die laag bij de grond zijn voedsel zoekt
misschien lijk ik op een mens
die zijn huidskleur niet wil erkennen
het maakt me niet
of mijn huid zal verkleuren.

Want ik ben gewoon een passant

die in dit leven zit
ik vlieg over mijn herinneringen
door God me ingegeven
het maakt me niet uit
of ik ze ooit nog zal herkennen
het maakt me niet
waar ik kom te rusten.

GEBOORTE

Bij iedere geboorte
sterft er iets,
bij ieder sterven
wordt er iets geboren.

KONINGIN VAN DE VRIJHEID

Ze is een koningin, een koningin van de vrijheid
door tekenen op de wand geschreven
kon niemand haar redden, de koningin van de
vrijheid
gevoerd door een monster in oude kleren
maar zij was een koningin, koningin van de vrijheid.

Haar geest was zo vrij, de koningin van de vrijheid
geen kon haar bedwingen, geen was daar toe in staat
dus kon niemand haar redden, de koningin van de
vrijheid
mee getroond door een monster in oer oude kleren
naar een duister dromenland, koningin van de
vrijheid.

Zij waren samen, zij was een lief meisje
zij waren naakt, toen zij droomden van samenzijn
naakte kinderen waren zij, koningin van de vrijheid
spoedig is zij bevrucht door een monster in oude
kleren
dan is zij verloren, de koningin van de vrijheid.

Koningin van de vrijheid, mooi en lief meisje
jij bent de mooiste van de hele wereld
hij was een zoon van een vooraanstaande wezen
ze namen wat in en sliepen de hele nacht door
maar de volgende dag werden zij niet meer wakker.

LAFHEID? PART 1

We renden weg van dit alles.
Waarom? De aanval
is nog steeds de beste
verdediging,
vandaar dat onze benen
ons sneller van het
slachtveld deden verscheiden.

De kogels vlogen ons om de oren,
het gefluit van deze krengen
was duidelijk te horen.
Toch bleven we kaarsrecht staan
om tegenover u onze moed
aan te prijzen gaan,
maar dat zult u wel niet wilen horen.

In mijn nabijheid werd geen
lafheid geduld, als recht geaarde
soldaat heb ik mijn dienst
volledig vervuld.
Maar, weet u, je leeft slechts
één keer en zouden wij gebleven zijn,
dan deden wij dat niet meer.

Daardoor is de dood ver van ons
gebleven.

LAFHEID? PART 2

Waarom toch al die risico's nemen
ja, echt eerlijk, dat is mijn ding niet
de lafheid komt 's nachts vaak aangedreven
onder de rook van het verdriet.
Ik, die geen einde aan de bruut wilde maken
keerde om en liep van alles weg.
Het veld van eer werd door ons verlaten
en terwijl wij voor de stille aftocht bliezen
zongen wij in koor:
Dood de dood, dat zijn onze deviezen.

NIETS VERGETEN

Wat je me vertelde
kon ik niet geloven
je zei dat je het
ergens gevonden had
maar niet meer wist waar.

Was het een stukje proza
of was het op rijm
was het in het Grieks
of was het in het Latijns
terwijl je zo maar opraapte.

Je vergat niets
zo er al wat van over was
het stukje gedicht
van een woordloze dichter
die geruisloos overging.

Wat hij ook op schreef
geen mens die het las
onbeduidend belangrijk
zijn zijn woorden pas
als zijn lichaam het opgeeft.

Vandaar dat wat je
me vertelde ik niet
geloven kon
dat je ergens gevonden

had kon er bij mij niet in.

ZEEMANSPRAAT

Een VOC schip vaart op zee op weg naar een ver land.
In het midden van het dek staat de mast, waaraan een grote vierkante zeil hangt en naar ieder's tevredenheid
bol stond door de wind.
De jongste matroos staat te turen over de zee en ziet de lange houten riemen door een patrijs de zee inglijden.
Het dek deint hoog op en neer, door golven zo hoog als een huis
en het achtersteven stijgt op tot een gevaarlijke hoogtepunt.
Dan verschijnen er één voor één vier matrozen uit hun hutten
en de eerste matroos kijkt naar de jongste,
de anderen kijken elkaar verdwaasd aan.
De beide zeemannen hebben een fles in de handen, die hen warm, opgewekt, maar ook wat dronken maakt.
Dan wordt de stilte gebroken.

De eerste matroos opent het gesprek:
Heeft de kapitein ons niet in deze wilde zee gebracht?
En hoe lang zijn we hier al?
De tweede matroos antwoord heel zacht:
Ja, we zijn hier al veel te lang.

Eerste matroos: We hebben al lang geen kust of een ander schip gezien.
Ik denk wel voor een week of dertien.
De tweede matroos voegt daar aan toe: Ik had gedacht een cruise te maken,
maar nu ik het schip zo hoor zuchten en kraken
vraag ik me af of wij wel ooit aan land zullen komen.
Ik lig 's nachts in bed vaak te woelen en te dromen.
Enge dromen, hele nare nachtmerries, over sterven en leven
over piraten, over doodseskaders, over wilde zeeën.
De eerste matroos zegt: Ik ben bang alleen te zullen sterven
zonder een vrouw of kinderen die van mij kunnen erven.
Ik heb wel eens mijn hart aan iemand geschonken,
dat was thuis in mijn vaderland, maar ik was toen heel dronken.
Ze was wel mooi en heel slank, maar rook vies uit haar mond
en verder was zij lucht laten ontsnappen uit haar fraaie kont.
Dat kon ik toen niet voorzien.
De tweede matroos: Nee, het zal wel de betovering zijn geweest
die het blik vernauwde en je dit liever weer vergeet.
Verander deze vrouwen in willoze wezens
of zij gaan aan de haal met al jouw intiemste gegevens.
Is dat de straf voor een goedgelovige matroos
wanneer hij daardoor voor de dood koos?
Moet ik mijzelf nu gaan verdrinken?

Of moet ik eerst nog met haar met een glas gaan klinken?
De eerste matroos: Je kunt dan nog beter dit schip besturen
dan met haar te gaan klinken in de late uren.
En of zij dit nu wel wilt of niet, keer huiswaarts zodat zij achter je aan gaat.
Dan neem je haar eerst en draag haar dan als ze slaapt
en gooi haar de straat op waar ze behoort.
De tweede matroos: Ik zou dat nooit durven,
daarvoor zijn mijn zenuwen te zwak,
bovendien krijg ik dan ook nog eens mijn schoonouders op mijn dak.
Daarnaast bezit haar lichaam een schone bekoring,
die veel verder gaat dan zo maar een betovering.
Ik weet het, want als zij haar lichaam tegenover me zet,
dan eindigen we steevast bij haar in bed.
Vreemde beelden komen trillend voor onze ogen
waarin wij geen van tweeën eigenlijk geloven.
Ook horen wij vanuit de verste ruimten,
vreemde en onverklaarbare huilende geluiden.
En terwijl ze langzaam in de nacht verdwijnen,
zullen er plotseling weer vreemde beelden verschijnen.
De eerste matroos: Ben jij dan bang? Laat jij dan je angst zien?
Ze zal je uitlachen en je verlaten bovendien.
De tweede matroos: Kan jij je nog herinneren, dat ons schip stuurloos werd
en die grote walvis niet meer kon ontwijken?

Dat we midden in de nacht zonken en wij te koud
waren om verder te kijken?
De eerste matroos: Ja, en het beest maar met zijn
staart zwaaien.
We konden het ontwijken anders gingen we met zijn
allen naar de haaien.
De tweede matroos: In die nacht vertoonde ik geen
spoor van angst
de dood was nabij, maar het leven duurde het langst.
Ik zag een vogel in de lucht met een takje groen
en het was niet eens het broedseizoen.
Toen dacht ik: Dat takje groen komt van heet land
en ben als een gek gaan zwemmen en ben toen daar
plots aanbeland.
Ik ben toen heel hard naar jullie gaan roepen
en zag jullie aankomen in de reddingssloepen.
De eerste matroos: Mijn moed was in mijn schoenen
gezonken
toen wij met zijn allen bijna waren verdronken.
Tot er iemand ons toe riep-
eerst dacht ik dat ik sliep-
neem de reddingssloepen en klim daar in
vaar weg en vaar deze richting in.
Dat hebben we toen gedaan en zie
hier is het land, maar dat wisten we toen nog niet.
De tweede matroos: Maar er was meer in die nacht
de dood waarde rond en riep me heel zacht.
En ik zag mijn eigen sterven voor mijn ogen
maar kon dit niet echt geloven.
Vandaar dat ik me uit die gedachten lostrok
en dit eiland me plots zo aantrok.
Eerste matroos: Ik heb die roep ook sterk gehoord

en was mijn hoop in de kiem gesmoord.
Door hoge golven en het brekende water
zag ik voor jou geen toekomst meer, geen later.
Maar doordat ik je stem hoorde begon ik weer te geloven
en worstelde flink maar kwam uiteindelijk toch weer boven.
Ik roeide uit alle macht met de riemen die ik had
samen met de anderen die geen enkele slag vergat.
Daarom staan we nu hier herenigd op het land.
Tweede matroos: Dus jij hebt de angst ook overwonnen
nadat onze neergang was begonnen.
Eerste matroos: Nou, niet helemaal of beter gezegd helemaal niet.
De angst zit te diep in me, dat verdwijnt zo maar niet.

Een stilte volgde, men kon de wind horen waaien
toen er plots een geest uit het niets kwam opdraven.
Het waren de twee andere matrozen,
die de eerste matroos danig had doen verwaarlozen.
Zij gingen kopje onder in de woeste zee
en beide arme drommels verdronken met hun twee.

De geest van de derde matroos: Zeg mag ik eens weten
waarom jullie ons zijn vergeten?
De tweede matroos: Wie hoor ik daar nu weer.
De eerste matroos: Het zijn slechts de geesten van matrozen, heer!
Ik hoor nu pas wat er is gebeurd

en hoe jij hun namen hebt besmeurd.
Daarom moet jij worden gestraft, stomme kompaan
met de sterren als getuigen evenals de maan.
<u>De geest van de vierde matroos</u>: En daarom eindigen wij pas dit gedicht
als jij voor eeuwig op de zeebodem ligt.
En de twee geesten voerden de arme drommel met zich mee
en dumpten hem heel ver in de zee.
Een gegil werd gehoord en daarna een zware plons
en de eerste matroos was niet langer onder ons.

STERRENMERITES

Begonnen de sterren
hun ceremonie
van ongedwongenheid
zij wilden dansen
tot de morgen
maar raakten de pas kwijt.

Zei de gravin tegen haar dienstmaagd
“Dien jij een klacht in
tegen zulke rotzooi
ben ik niet opgewassen
deze sterren verdienen
om te worden afgeschoten.

“Maar, lieve,” zo sprak de graaf
“Ik wens een grondig onderzoek
de sterren mogen dan wel
uit de pas geraakt zijn,
maar zij vertederden ons wel
en dat is ook wat waard!”

Ondertussen begonnen
de sterren hun ceremonie
van ongedwongenheid
zij bleven dansen
tot de ochtend kwam
en dansten zo naar de volgende morgen.

TEKEN VAN LIEFDE

Een flits scheurt de hemel in twee
het verbindt ons samen met
onze gedachten en wat we er mee doen.
Kleine details worden niet overgeslagen
stukjes van dit, beelden van dat
vallen plots op hun plaats
het verklaart onze scheiding.

Het leven verandert waar ik ook ga
nieuwe en oude gedachten verzinken
in een roes van een moeras.
Zou het leven te vangen zijn
dan zou het langzaam vervagen
evenals onze liefde
wegglijdend in een veeg van een spiegel.

Alles wat ik schrijf is een teken van liefde
een gedicht speciaal geschreven voor jou.
Alles wat ik schrijf is gedicht over liefde,
de liefde tussen jou en mij.

Overdag als de zon weer hoog staat
dansen de geesten om ons heen
zij missen de ondergrond die wij hebben
en kunnen geen emoties tonen
zij verstoren slechts de rust
de rust tussen jou en mij.

In het land van de zoete overgave
is het leven als een droom
met één weg die naar alles leidt.
Het zou daar plots moeten ophouden,
maar wisten niets van het bestaan
achter de donkere hemel.

Nu vanaf die zonnige dag
leven we in harmonie met elkaar
en drijven door wolken van geluk.
De liefde creëert een atmosfeer
van geven en nemen als een
gouden ketting dat glinstert
in de warme stralen van de zon.

Daarom is alles wat ik schrijf een teken van liefde
een gedicht speciaal geschreven voor jou.
Daarom is alles wat ik schrijf een gedicht vol liefde
over de liefde tussen jou en mij.

TIJD

Nog zo veel te doen
maar de tijd is op.
Dromen die nog moeten uitkomen
zou ik meer tijd hebben,
dan zou ik er aan werken.

De tijd vliegt om
de klok geeft dit wreed aan.
Waar zal ik moeten beginnen
om dromen uit te laten komen.

Sinds onze ogen elkaar ontmoeten
heb ik altijd al gedacht
dat het leven te kostbaar is
om zo maar te verknoeien.

Van jou te houden
en zoveel dromen nog voor de boeg.
Een eeuw om van te houden
voldoening met jou is er genoeg.

Dus nog zo veel te doen
maar de tijd raakt op.
Dromen die nog moeten uitkomen
zou ik meer tijd hebben
dan zou ik er aan werken.

TOCH ZAL IK VAN JE HOUDEN

Laten we gaan vrijen, dus pak me vast
ik laat je zien, dat ik niet bang meer ben
ik zou die belofte aan je doen
maar je zegt niets en kijkt mij aan
de belofte hield je binnen.

Toch zal ik van je houden
tot de dageraad verschijnt
ik zal van je houden
tot jouw lichaam is uitgeput.

Laten we gaan vrijen, dus neem het in je hand
ik laat je zien, dat angst niet meer bestaat
ik zal die belofte aan je doen
maar jij zegt niets en kijkt mij aan
als wilde beesten zijn wij te keer gegaan.

Toch zal ik van je houden
tot jouw lichaam is voldaan
ja, ik zal van je blijven houden
totdat de wereld zelf is vergaan.

Ik zal van je houden
tot de sterren omhoog schieten
ik zal die belofte aan je doen
ik zal van je houden
tot mijn zaad is opgedroogd.

TWEE HARTEN EEN ZIEL

Voorbij de grauwe zee ligt het zwarte land
waar de maan half was is, zwaar en laag
en de doodsbange, kleine golfjes omhoog komen,
in vurige ringen van grauwe spetters.
Het overwint slapende grotten met lichte dwang,
maar verlaagt zijn snelheid door korrelig zand.

Over een warm naar zee geurend strand,
gevolgd door drie weilanden
tot aan de eerste huizen,
vliegt het zand tot aan het raam
en laat zijn handtekening diep achter.
Zachte stemmen brengen vreugde.

Twee harten slaan stuk voor stuk,
opgeslokt in één lichaam

VENUS

Een ster, ver van mij verwijderd,
die fonk'lend de nacht verblijd
vertelt een aardig sprookje
van een kleurvolle tijd.
Dan schijnt zij rood,
dan schijnt zij weer blauw
zodat de mensen zeggen,
die ster schijnt alleen voor jou
met haar heldere kleuren rood en blauw.

De ster was plotseling verdwenen,
het verdween zonder woorden.
De mensen namen verdwaasd de benen
en wilden niet meer verder horen.
Ze lieten zoals verlepte bloemen
hun slaperige koppen hangen.
Voor mij schijnt zij nog net zo blauw,
waardoor de mensen zeggen,
die ster schijnt alleen voor jou
met haar heldere kleuren rood en blauw.

ZO MAAR EEN GEDICHT

De zon schijnt weinig in de herfst,
maar schijnt vol op in de lente.
De zon schijnt iedere dag weer,
zolang jij maar bij me bent.

ZET HEM OP

Arme ouders, een afscheidsbrief
met 1000 excuses en redenen waarom.
Hij schreef dat het hun schuld niet was,
dat zij sterk moesten zijn,
heel sterk
uit zijn naam alleen al.

Dat zijn hoofd volledig overliep
als hij bij zijn vriendin was.
Dat hij niet meer naar school hoefde,
omdat hij daar toch niets leerde,
al begrepen zijn ouders daar niets van.
Dat zag hij niet meer zitten.

Hij zag geen enkele reden,
omdat er ook geen reden was.
Maar moest er ook een reden zijn?

Kom, lief, .
kom en blijf bij mij
al hou ik niet van somber dagen.
Kom lief,
schuil hier bij mij
dan zingen we samen deze dag voorbij. .

In mijn hoofd zijn de beelden enorm vaag
de rust overvalt zelfs de nacht.
Door de woorden is moeders wereld ingestort,

vader probeert te blijven staan.
Hun gedachten gieren door het hoofd
en denken alleen nog maar aan hun zoon.

Slechts zestien en dan al zo uitgeblust
nee, het heeft geen zin hem dit te laten zien.
Want zij dragen immers deze schuld niet,
zij hebben er part noch deel aan.
Toch ziet hij niets meer zitten.

Kom lief,
ik heb je dit moment zo nodig,
anders zijn mijn dagen zo somber.
Kom lief,
trek je mooiste jurk aan
laten wij samen verder gaan.

De buren om ons heen wonen op eilandjes
met neergeslagen ogen
en keken nooit naar ons om.
Zij ontkennen wat ons lot zal zijn
maar wij weten het zo goed
omdat wij jong en nog helder zijn.

Zij zien geen enkele reden
omdat er ook geen reden was?
Moest er dan ook een reden zijn?

Kom lief,
kom hier en schuil met mij
tegen de overvloed aan leugens.
Kom lief,

kom en blijf bij mij
al zijn onze dagen donker en somber.

Kom lief,
deze maandag gaat voorbij
en zullen we voor altijd samen zijn.
Kom lief,
trek je mooiste jurk aan
dan maken we deze dag speciaal.

Kom lief,
deze maandag is snel voorbij
en schuil tegen de overvloed aan leugens.
Kom lief,
kom en blijf bij mij
deze maandagen zijn nu snel voorbij.
De buren om ons hen wonen op eilandjes
met neergeslagen ogen
keken zij nooit naar ons om.
Zij ontkennen wat ons lot zal zijn
maar wij weten het zo goed
omdat wij jong en nog helder zijn.

WATERRIJK

Een monsterlijke monster,
die ik dacht dat hij was,
bij de eerste aanblik van jouw komen.
Ik bleef staan en staarde
naar jouw plat en schokerend gezicht,
luguber gescheiden van de rest van je omvang,
die gladjes bleef steken op dit droge land,
door afschuwelijke beelden ooit
met een speer door je lijf,
je ogen vol water
en een belachelijke lijn,
kronkel na kronkel,
onooglijker dan ooit
met afhangende vinnen,
een staart heen en weer,
omhoogkomend dan weer neer,
opgedroogd en traag.

Haal adem van gesponnen lucht,
scherp je zwaard en laat je visgeur sterk achter,
zodat de lucht bezwangerd wordt
alleen al door jouw aanwezigheid.
Hoe bestaat het toch,
dat je jezelf niet kan ruiken,
terwijl jouw geur de mensheid overvalt?
Een doodse slot voor elk deel
dat wordt gedeeld uit het gezegende leven
van het waterrijk.

WIE KENT HAAR NIET?

Deze vrouw was
de zonde zelf,
de slang
in het paradijs,
de verleiding
in de woestijn,
de zachtheid
in het bed,
de deining
van de zee.
Kortom
de zonde
in tweevoud.

WANNEER

Nu de zomerdagen geteld zijn
en de eenzaamheid is teruggekeerd,
dan hoop ik je weer terug te zien.
Onder een dak van blauwe lucht
luister ik naar alle geluiden
en voel ik mijn oude hart slaan.
Want ik mis je intens,
maar laat dat nimmer merken.
Ik ben er immers wel voor jou.

Nu de winter weer voor de deur staat
en de sneeuw dwarrelt als gedichtjes naar beneden,
dan zie ik je weer voor mij staan.
Onder een dak van grijze lucht
luister ik naar het zachtjes knisperen
en voel ik mijn oude hart slaan.
Want ik mis je intens,
maar laat dat nimmer merken.
Ik sta immers wel naast jou.

In de lente, als de zon weer aan kracht wint,
voel je mijn armen om je heen.
In de herfst, als de bladeren weer vallen,
dan vaar jij je eigen koers.
Als een cirkel van het leven vind jij het geluk,
en blijft het aan je kleven.

Want ik mis je intens,

maar laat dat nimmer merken.
Ik blijf immers bij je staan.
Ja, ik mis je intens,
maar laat dit nimmer merken.
Ik sta immers naast jou.

WAAR EEN WIL IS IS EEN WEG

Loop het pad samen met me op,
het beste moet nog komen!
Het leven, zoals die ons is gegeven,
legt de tijd in zijn Handen.
Alles is gepland zoals is gepland
van onze jeugd tot aan alle angsten.

Onze weg ligt niet altijd bezaaid met rozen
onze jeugdige dagen zaten nog vol dromen.
Zouden wij de vergeet-me-nietjes nog herkennen
onder een donkere, sterloze hemel?
Waarin zelfs Jupiter, Mars en Saturnus
hun baan niet kunnen vinden.

Niet door zoveel hoop en zo vele angsten
vergeten wij onze aller eerste dagen,
maar veel meer door de grootse tekens,
die geprezen wordt en niet aan wordt getwijfeld.
Schreeuwende kinderen hebben geen ziel
en zijn verduisterd door geen licht.

Zonder inhoud of zonder leven
is als een mens zonder eten
eenzaam wordt verder gezocht
naar een voorspoedig einde
die zeker eens zal komen
als de tijd uitgeteld is in zijn Handen.

VRIENDSCHAP

Vriendschap
is even
vergankelijk
als een
ontsnapt
wolkje
gas
in de
lucht.

VIRRUE RESURRECTION

Droomde ik nu echt?
Was ik werkelijk in de hemel
tussen de engelen in
die met mij speelden?

Ik hoorde stemmen
zo fragiel en zachtjes
geen van hen overstemde
de ander.

Met hun gouden haar
in vlechten omstrengeld
waren ze zo net
en zongen zo lief.

Eén speelde op een gouden harp.
Een paar anderen speelden op een fluit
Weer anderen dansten op een wolk,
terwijl hun voeten de grond niet raakten.

Ik keek ze aan en liet hen binnen
ze hadden mijn hart diep geraakt.
Maar geen van hen leken mij te horen,
zij waren te veel bezig met hun muziek.

Op het moment dat ik begon te pleiten
omdat ik aan hen in liefde dacht,
aangezien geen van hen mooier

dan de ander was.

De ochtend verdreef de nacht,
het zonlicht verdween mijn dromen.
Waar ik ook keek er was geen engel te zien,
geen engel was mooier dan de ander.

Ik zocht en zocht en zocht,
maar geen heb ik kunnen achterhalen.

30-03-1944   05-07-2012

Kom rij
of blijf staan
het is schier
ongelooflijk
dat Komrij is heengegaan

ZO MOOI ALS JIJ IS ER GEEN

Jij bent zo mooi, als de natuur ons ooit heeft
geschonken,
jij bent zo mooi, van jou worden de Goden zelfs
dronken,
jij bent zo zacht, als de veren van een eend,
jij bent zo zacht, als zachtheid waarlijk is gemeend.

Zelfs de Goden staan te springen,
om de gunst van jouw hand af te dingen
Ze raken van je schoonheid zelfs verward
en hadden dit Zelf nooit of te nimmer gedacht.

Want jij bent zo mooi, als de God van de Lucht is,
jij bent zo mooi, dat de hemel niet weet wat ze mist,
jij bent zo zacht als de zijde van een veer,
jij bent zo zacht, welke Godheid vraagt nog om
meer.

Zelfs het heelal ligt zo maar voor jou open
en mag het op jouw fonkelen slechts hopen.
Het geeft jou zo maar al zijn geheimen prijs,
in ruil voor jouw zinnelijke schoonheid.

Want jij bent zo mooi, dat de zon graag voor jou
schijnt,
jij bent zo mooi, als een eeuwigdurend Goddelijk
sein,
jij bent zo zacht, als de aller zachtste was,

jij bent zo zacht, als het ochtenddauw op het gras.

Zelfs de oceanen zijn minder diep als jouw ogen
en kunnen jouw allesomvattende schoonheid niet
geloven.
Ze laten liever al hun water langzaam wegvloeien,
om een enkel nacht bij jou te mogen vertoeven.
Want jij bent zo mooi, als een parel,
één die in het water blinkt,
jij bent zo mooi,
geen wonder dat elke vogel van jouw schoonheid
zingt.
Jij bent zo zacht, zo zacht als maar kan.
Jij bent zo zacht, een ideaal voor elke man.

VINGERS

In de oude dagen van paard en wagen
zou ik mijn eigen weg zijn ingeslagen.
In een slakke gang zou ik gaan over de wegen
en kwam ik vele mensen tegen.
Geen telefoon zou mij kunnen storen,
geen onvertogen woord nog horen.
Zat ik maar terug op het zadel van een paard,
dat is me heel wat waard.

Maar dan zou ik je vingers moeten missen,
vingers met zo vele betekenissen.
Laat ze maar rustig over mijn lichaam gaan,
dat geeft hetzelfde gevoel van een achtbaan.
Duizelingen groeien tot diep in mijn hoofd
door alle mooie dingen die je mij hebt beloofd.
Jouw woordjes getuigen van echte liefde,
die in mijn hart bleven steken, daar waar ze kliefden.

Door jou voel ik mij gelukkiger dan ooit
en is mijn hart voorgoed ontdooid.
Zou ik je nooit zijn tegengekomen
dan stopte vanzelf al mijn processtromen.
Door jouw vingers die over mijn lichaam glijden
verandert in mij alle verwarde getijden.
Zomer, winter, herfst en lente haal ik door elkaar
al is het voor mij geen enkel bezwaar.

Dus laat jouw vingers bij mij het werk doen

en laat het eindigen in een prachtig visioen.
Laat ze maar rustig over mijn lichaam glijden,
dan beleven wij samen echte liefdestijden.
Duizelingen groeien tot diep in mijn hoofd
door alle mooie dingen die je mij hebt beloofd.
Jouw woordjes getuigen van echte liefde,
die mijn hart gelukmakend doorkliefde.

WERELD

Er staat een boom buiten mijn raam
haar bladeren kleuren, ieder seizoen steeds
en deze boom heeft er altijd al gestaan.
van voor mijn geboorte zo ver ik weet.
Maar de stad waarin ik woonde
kent geen pardon noch medelij
toont totaal geen compassie
voor de boom van mij.

Zo leerde ik al heel vroeg
dat de wereld vol van pijn is,
dat het leven geen knip waard is
als je als boom de jaren droeg.

Vertel me eens
Is er een reden voor vandaag?
Ik kan het me niet herinneren
dat de reden ooit bekend is gemaakt.
De stad waarin ik woonde
heeft geen tijd voor medelij
en ook geen compassie
voor die boom van mij.

ZO VRIJ ALS EEN VOGEL

Zo vrij zijn als een vogel in de lucht.
Zo vrij zijn als een vogel in vogelvlucht.
Thuis en droog,
als een opgedroogde vlinder,
als een vogel kan zijn.

Wat gebeurde er ooit met
de levens die wij hebben gekend.
Kunnen wij echt zonder
elkaar leven?

Waar verloren wij onze touch,
wat voor ons zo veel betekende,
die er voor kon zorgen dat ik
me voelde als een

zo vrij als een vogel in de lucht.
Zo vrij als een vogel in vogelvlucht.
Thuis en droog
zoals een opgedroogde vlinder
als een vogel kan zijn.

Wat gebeurde er ooit met
de droom die we samen deelden?
Voelden wij ons dan echt

zo vrij als een vogel in de lucht.
Zo vrij als een vogel in vogelvlucht.

Thuis en droog
zoals een opgedroogde vlinder
als een vogel nu eenmaal kan zijn.

WANNEER

Wanneer
mijn adem
voor
het laatst
mijn lichaam
heeft verlaten,
vertel het dan
aan de vogels.

VRAAG OP VRAAG

We hebben wat gedronken
en ons verlangen opgespaard.
De kaarsen branden zachtjes
met de blokken in de open haard.

Muziek met veel violen klinkt op de achtergrond
de ene na de andere volzin uit mijn verliefde mond.
Je ogen zijn krankzinnig groot
en vochtig van het diepste blauw.
Je nagels krabben aan mijn dij
terwijl je me vraagt of ik van je hou...

Als we samen wakker worden
in het harde ochtendlicht.
Als de gordijnen opengaan
zitten je ogen nog stijf dicht.

Als je adem niet zo fris is als de morgendauw
en je haren zitten in een samengesmolten klit
en je gezicht nog vol kreukels zit,
maar als we samen wakker worden
dan verlang ik weer naar jou
en zal ik het opnieuw bezien.
En dan zeg ik heel misschien
dat ik van je hou!...

WANNEER

Nu de zomerdagen geteld zijn
en de eenzaamheid is teruggekeerd,
dan hoop ik je weer terug te zien.
Onder een dak van blauwe lucht
luister ik naar alle geluiden
en voel ik mijn oude hart slaan.
Want ik mis je intens,
maar laat dat nimmer merken.
Ik ben er immers wel voor jou.

Nu de winter weer voor de deur staat
en de sneeuw dwarrelt als gedichtjes naar beneden,
dan zie ik je weer voor mij staan.
Onder een dak van grijze lucht
luister ik naar het zachtjes knisperen
en voel ik mijn oude hart slaan.
Want ik mis je intens,
maar laat dat nimmer merken.
Ik sta immers wel naast jou.

In de lente, als de zon weer aan kracht wint,
voel je mijn armen om je heen.
In de herfst, als de bladeren weer vallen,
dan vaar jij je eigen koers.
Als een cirkel van het leven vind jij het geluk,
en blijft het aan je kleven.

Want ik mis je intens,

maar laat dat nimmer merken.
Ik blijf immers bij je staan.
Ja, ik mis je intens,
maar laat dit nimmer merken.
Ik sta immers naast jou.

VAKANTIEPERIKELEN

Oh om in Holland te zijn
als het juni is
en weer te ontwaken
in onze tent,
dan zien wij de dageraad
weer voor ons opkomen
en de lage, witte wolken
trekken aan onze ogen voorbij
bij het Zwanenwater
roeren de kleine dieren
terwijl boven hun hoofden
de valk hen bespiedt.

En is het dan juni geweest
en juli breekt aan
en de zon zijn warmte
aan zijn krachten ontleent
kijken wij over het water
waar de vogels in zwemmen,
of naar voedsel zoeken
in het drooggevallen land.
Vanuit de toppen der struiken
vallen dauwdruppels op de grond,
terwijl de mussen hun liedjes tsjilpen
denk ik aan jou en open mijn mond.

TOEKOMST

Ik lig op bed en ik wacht.
Een engel blaast haar warme adem,
dat speelt met mijn gezicht.
De plaatsen, waar wij zijn geweest
en de mensen, die we hebben ontmoet,
dit alles ligt vers gebakken in onze geest,
al heeft de tijd ons wel ingehaald
en zijn wij nu grijs en oud.

Ze vertelt me met haar bries,
dat mijn redding alleen bij haar ligt,
zoals de wolken mij dat laten zien.
Daarom lig ik op bed en wacht ik
gelaten op de dingen, die komen gaan.
En mocht ik als een dief in de nacht
vertrekken met haar aan mijn zij,
dan zal ik met haar op een wolkje staan.

Is mijn tijd dan daar gekomen,
dan biedt ze mij bescherming,
veel liefde en een grootse herinnering,
door al haar tranen op mijn schoot.
Van achter haar waterlanders
neemt ze me mee naar irgendwo .
Dan weet ik, dat het leven mij niet stuk krijgt.
Ze blijft pal naast en achter mij staan,
als ik voor het Godsgericht zal verschijnen
en zullen wij samen op een wolk verder gaan.

Voel ik mij dan zwak en breekbaar
en mijn wolk spat uitéén als een zeepbel,
dan val ik in duizenden vluchten
Waar zij me met haar vleugels weer opvangt
en mij opneemt en mij redt uit vele klauwen.
Ze beschermt me tegen de eeuwige duisternis,
verdedigt mij tegen duistere machten,
al zijn wij nu grijs en oud.

Ik kijk omhoog en zie haar gezicht
en weet dan, dat ze eeuwig bij me blijft.
Prikkelt ze mijn intens gevoel,
dan speelt ze gedachteloos met haar hand.
Een spiegel barst in duizenden stukjes,
door schichten van het werken van onze lijven.
Een wolk verliest al haar vochtige inhoud,
terwijl wij vurig de liefde bedrijven.

En is mijn tijd dan daar,
dan biedt ze mij bescherming,
veel liefde en een grootse herinnering,
door al haar tranen op mijn schoot.
Van achter haar waterlanders
neemt ze mij mee naar irgendwo.
Dan weet ik, dat de dood mij niet stuk krijgt.
Ze blijft pal achter en naast me staan,
als ik voor het Godsgericht moet verschijnen
en zullen wij samen op een wolk verder gaan.

ALS EEN ROOS

Het leven is als een roos,
dat vol zit met doornen.
Als je er soms aankomt,
dan doet dat flink zeer.

Blijf er liever van af,
laat het maar steeds groeien.
De bloemen zijn fragiel,
de stengel bijzonder teer.

De liefde is als een bloem,
laat het niet verwelken.
Besproei het steeds met water,
dan groeit het heel snel.
Laat je het verdrogen,
dan verdwijnt het erg gauw.
Alles wordt dan veranderd,
in een vlekkeloze, grauwe hel.

De dood is als een roos,
laat hem maar links liggen.
Een handje met wat stof,
méér is het echt niet.

Geef het dus geen voedsel,
dan verdroogt hij zeer snel.
Kijk niet op of om. Doe net
of je hem niet ziet.

TERUGKIJKEN

Zie je leven en
kijk voor eventjes terug
al het leven in je
was al eerder dan jij vertrokken
en al wat nog komen moet
daar wil je niets van weten.
Je denkt dus dat
je een prachtige toekomst hebt
in een tijdflo van denken
voor een perfecte tijd
met gedachten en gevoel,
met verstand en bezieling
versmolten in een seconde
die je de wereld schenkt.
Je hangt aan me,
ligt dan weer onder,
dan weer boven,
je laat me herinneren
aan de lang vervlogen dagen.
Dit gevoel in onze levens
dat je werkelijk van me houdt!
Hoe lang mag dit zalige
gevoel nog duren.
Voor mij duurt het al
een eeuwigheid en langer
wanneer de hoogste
toppunt er aan zit te komen,
als onze verhitte wangen,

in elkaars armen stomen,
met gesloten ogen
en onze lippen op elkaar
tot een explosie komen.

RITME VAN DE NACHT

Voelde jij niet een echte vrouw
en gaf ik je niet alles
wat een man kan geven
maar iedere keer
als ik mezelf wijs maak
dat alles is gegeven,
vraag je om meer
wakker, klaar wakker
lig je naast me en
open je je hart voor mij
je kijkt me aan
en ik laat me gaan
het ritme kent geen einde.

OVERDENKING

Eens was ik
een hartstochtelijke man
die in staat was om
min of meer onzinnige
dingen te schrijven,
waarvan ik soms
min of meer berouw heb.
Het overkwam me
wel eens,
dat ik een beetje
te vlug schreef
of in gedachten had,
wanneer het beter was
geweest
om een beetje meer
geduld of afstand
moest tonen.
Ik denk derhalve
dat anderen schrijvers
ook wel eens
zulke onvoorzichtigheden
hebben begaan.
En als dit het geval
mocht zijn,
wat moet je dan doen?

Sterven?

OP WEG

Op weg
altijd op weg
overal
en nergens
naar toe.

Ben je
verdwaald
of ben je
vermoeid
zoek dan
de weg
weer terug.

Zo vele
wegen
die je
tegenkomt,
maar één
is de
ware.

Op weg
altijd op weg
overal
en nergens
naar toe.

En twijfel
je aan de weg
die je neemt
keer om
en ga weer
terug.

Zie je door
de bomen
het bos
niet meer
weet dan
er is iemand
die op je
wacht.

Op weg
altijd op weg
overal
en nergens
naar toe.

AAN MIJN LIEFSTE

Zoals ik daar op bed lig,
mijn adem stokt haar laatste stukjes
als wel mijn nog in leven zijnde hoofd
lig ik daar in al mijn trots en
vertel zoete verhaaltjes
over mijn langzaam sterven
uitgesmeerd over zoveel jaren.

Misschien drukt het
de waarheid langzaam
naar beneden als de arts
met zijn lange, schimmige vingers
zijn scalpel in mijn lichaam steekt,
zijn ogen reeds gesloten
alsof hij de bruidegom
van de dood heeft gezien.

Mijn adem stokt
als ik daar op bed lig,
haar laatste beetje
mengt zich langzaam
met de ijle lucht.
Het is de zachtste
waarschuwing ooit
voor het naderende onheil.

Een geur dringt mijn
neus binnen,

een geur van
zacht geurende planten.
Een boom reikt met
haar takken tot in de hemel
daaronder sta ik
met haar in mijn armen.

Oh, waar is die tijd gebleven,
van sterk overeind staan
geen zwakte te bekennen
de kracht van liefhebben
voor jou alleen blijft teder
diep in me.

AFSCHEID

Mijn ziel heeft zich verscholen
achter donkere wolken uit het heelal.
Haar muziek is in stukken gebroken
het was haar laatste interval.

Haar vingers ooit gracieus bewogen
speelde muziek voor ieder's oor.
Maar nu is die muziek tot stoppen gedwongen
ze zag het te laat in en is daarom nu te laat voor.

Maar in dit hart is er altijd nog hoop
dat jouw muziek ooit weer zal klinken.
In mijn ogen dwarrelen tranen verdroogd,
zij rollen naar beneden om daar tot in het niets te
verzinken.

Maar de stroom die komt is wild en diep,
ik draai mijn hoofd om, wil niet dat jij ze
ziet.
Jij hoort niets, want je sliep
anders zag je mijn groot verdriet.

Mijn vermoeide hart ligt in je hand te rusten
het heeft hard gewerkt om jou te
verzorgen.
Het doet pijn om je zo diep te zien slapen,
voor jou is er nooit meer een morgen.

ALS IK STERF

Als ik sterf, dan is mijn dood
een deur naar een ander perspectief
een soort bekende die de weg al eerder bewandelde
die naar haar fluistert
in de tijd die ons rest.

Als ik sterf dan lijkt het net of het wacht
op een Goddelijke uitleg
over de veranderingen in mijn jeugd
die luidkeels jankt
in de tijd die mij rest.

Als ik sterf dan lijkt het net te wachten
op een vuurbal in de nacht
zo zeker zijn we van onze liefde
waar we om zullen lachen
in de tijd die ons rest.

En wat er achter die deur bevind
zal niet zo lang op zich laten wachten
of het nu een engel of geen engel is
want in het aanzien van het licht
zie ik jou.

Als ik sterf dan lijkt het net of ik wacht
als een blinde bedelaar
die deze wereld met eenzaamheid vult
die men hem met veel liefde schenkt

in de laatste jaren van zijn leven.

Als ik sterf dan lijkt het of mijn dood kan weten
dat ze mijn vrienden herkent
een tijdje voor ik zal overgaan
waar we op zullen drinken
om zo de tijd te slempen.

Als ik sterf dan wacht ik geduldig
in jouw armen, door jouw omvattende dijen
en jouw warme vingers zullen mijn ogen sluiten
maar daar praten wij nooit over
in de tijd die ons rest.

Als ik sterf dan wacht ik
tussen de gevallen bladeren
die in Goddelijke kleuren
de honden verblijden op de grond
tot ook zij verrotten.

Als ik sterf dan wacht ik
tussen de geurigste bloemen
waar de schaduw geen grip op heeft
want in het aanschijn van het licht
zie ik slechts jou.

En wat achter de deur van mijn waarneming bevindt
is eigenlijk volledig luchtledig
geen engel of geen engel is er te zien
want in het aanzicht van het licht
zie ik alleen maar jou.

BRIEF NAAR DE MAAND AUGUSTUS

Liefje, mijn innige geliefde, jouw naam
is zuiverder dan de zuiverste steen.
De bergen zouden je missen,
de zeeën jaloers op jouw bestaan.
Liefkozingen vullen jouw naam
als je gaat, is kunst verheven.
Een gevoelige treurnis omringt mijn lijf.
Slechts twee zaken vullen nog mijn leven
een wereld vol glitter en een huis met jou.

Het eerste was niets- al hield ik dit lang vast,
het was als de omhulsel van mijn vreugde-
maar andere zaken en beloften dwarsboomden dit
en voor mij kwam dit niet als een verrassing.
Een vreemde verwensing was eens gegeven
en werd weer geuit, door alle leugens vergoed
door tijden van weleer uit naam van alle Goden
die boven de zeeën vlogen en van hen
die hoog boven het land zweefden.

Voor jou, mijn innige geliefde in mijn hart,
ik weet mij veilig in jouw armen en jij in die van mij
we zijn en blijven- ik ben er zeker van-
wezens, die niet zonder elkaar kunnen.
Alles is en blijft hetzelfde, samen of alleen,
bij aanvang van het leven of de langzame achtergang
zijn we gebonden tot het eind, snel of niet snel,
onze band verbonden met elkaar duurt het langst.

DE HARP

We huilden tranen met tuiten
bij het blauwe water van de rivier
de tranen waren van bloed, zoals de kleur van onze vijand
de hel plaveide de weg met blinkend goud,
belichaamd in haar wilde dochters,
die allen dongen naar een eeuwige liefde.

Wij staarden naar het blauwe water,
dat zich in alle vrijheid een weg baande
zij verloor haar lied van zacht ruizen
door haar verloren minnaar van zo lang geleden
verloren gegaan als verdorde aren, verbrand door een eeuwig vuur,
bespeeld door miljoenen harpoenen van de vijand.

Die harp, gemaakt uit het fijnste wilgenhout
van de verdorde vlakten van het hellevuur
haar geluid bejubelt het uur dat het heeft gezegevierd
door pijlen van vuur en een stortvloed aan rook
er komt geen zachte noot uit al haar snaren
door een stem die niemand hoort.

DE OUDE BAAS

Dat er mensen zijn die een nieuw leven willen
in de Hemel of ook hier op de aarde
met een nieuwe geest, interesses en hersens
de oude versleten en afgebrand achterlatend
beloftes die gebroken worden, verzuren alsnog het
leven.

Zo men op de vlucht is voor wie af wat dan ook-
de uren verstrijken en lijken wel op eeuwen-
de oude aarde blijft ons achtervolgen
en wacht op de terugkomst van het oude patroon,
geduldig als een oude baas op zijn knecht.

DE STEEN DER WIJZEN

De steen waar de wijze zijn geschrift op schreef,
valt hier in duizenden stukken.
Door de handen van onze zuster Dood
gloeit voor velen het zonlicht nooit meer.
Door haar werd iedere man verscheurd
met ontluikende of natte dromen.
Een bloemenkrans is wat er enkel overblijft,
als de stilte wreed wordt verstoord door haar lach.

Tussen de ijzeren ketenen van het leven in
wordt het zaad van tijd soms wreed verstoord,
als het bewaterd wordt door de daden van onnozelen.
Zij immers weten niet, zij kennen die bloemen niet.
Kennis kan een dodelijke vriend zijn,
wanneer de regels steeds veranderd worden.
Het lot van iedereen op deze aarde
ligt in de handen van een stel koeien.

Verwarring en sterkte zal mijn sterven zijn,
als ik over het gebroken levenspad wandel.
En hebben wij die reis gemaakt, dat zullen we lachen
om de dingen waar we zo bang voor waren.
Toch vrees ik dat ik morgen zal huilen,
ja, morgen zal ik huilen, als de deur geopend wordt.

EEN DROOM ALS GEEN ANDER

Er is iemand op een gekke plaats gestorven
er hoefde geen helpende hand bij te komen
met een glimlach om zijn mond
waren de laatste gedachten bij haar
de belachelijken stonden in de rij te wachten
en vroegen zich af wanneer zij met haar konden
smelten
of het voelen van haar warme mond
zij zagen zich al in het bos met haar verkeren
en wilden hun palen al laten groeien
tot aan de sterren in de hoge hemel
tot ik deze woorden in hun stak:
zij was het mooiste wat me ooit is overkomen.

LICHAAMSTAAL

Jouw ogen zijn als:

een mooi gelegen eiland in de zee
een rustoord en paradijs voor ons twee
een door God geschapen meer
een zachtheid omfloerst door leer.

Jouw mond is als:

het zoete van een geur
een fijnste pastel van een kleur
een blad aan de boom zo zacht
een zoete droom in de nacht.

Jouw gezicht is als:

de mooiste van Gogh's schilderij
een evenbeeld van het Hemelse paradijs
een madonna hoog boven een ieder verheven
een openbaring voor het leven.

Jouw handen zijn als:

een maalstroom van genegenheid
een warmtebron van tederheid
een niet aflatend teken van geluk
een brok dynamiek uit een stuk

Jouw benen zijn als:

de trotse stammen van alle bomen
de weelderigheid van alle dromen
de draagbalk van deze aarde
de catalogus van alles van waarde.

Jouw lichaam is als:

een lichtpunt in de duisternis
het besef van wat iedereen mist
een stille roep in de woestijn
een deken van genot en zacht als satijn.

EEN LIED VAN BETERE TIJDEN

Op één gehoopte sandelhout takken
en strepen van aloë struiken,
gebruikt als wc papier door een arme drommel
maar vanuit haar haren stijgt zo een aroma op,
dat de bergen in engelen veranderen
en vanuit hoge bomen de wind moeizaam waait
aangetrokken door de lekkere geuren
om zo haar lekker ruikende schatten op te snuiven.

Een onmachtige zoetheid wordt rondgestrooid
zoals de Oude Egyptenaren eens deden
waardoor zelfs het stof werd gebroken
door een zweem van de geur van parfum
als teken van een lang verbroken verbond
afgesloten door lang vervlogen dromen
geselt haar luit door met boeken te slaan
toen haar koningin zeer jong was gestorven.

GEBROKEN BLOEM

In de knop gebroken bloem,
weggekaapt door onzichtbare wolken,
jij rust nu in een onmetelijke tombe.
Maar onder jouw verbleekte bladeren
zullen rozen achterstevoren uit jou
groeien.
Hun bladeren, de eerste van het
voorjaar,
waaien zelfs de bijen in een vredige
slaap.

De blauwe rivier stroomt vaak over,
als zij spijtig haar hoofd laat hangen.
Haar gedachten vertroebelt haar blik
en staat haar helder denken in de weg.
Haar aanhoudende verdriet en zachte golven
verraad een zekere jaloezie jegens de kade,
die haar angst voor de dood wegneemt.

Maar wij weten dat haar tranen ijdel
zijn.
De dood verschoont haar van elke nood,
opdat zij ons wil waarschuwen voor klagen.
Er is geen oprechter verdriet, die tranen verbied
of het lijden kan verminderen.
En de bloem, in de knop gebroken, vertelt ons
niets te zijn vergeten van de tranen over de

wangen.

ZE MAAKT ME GEK.

Er is geen houden aan
het gevoel dat in mij leeft
Jouw manier van lopen
is dat mijn hormonen een tik geeft
Vertel me toch wat je van me wilt
want de klok tikt alsmaar verder.
Mijn wachten duurt nu al zo lang
het bed blijft koud zo zonder jou.

Ze maakt me gek
zoals geen ander kan doen.
Ze maakt me wild
vanaf die allereerste zoen.

En ik kan maar geen rust
meer vinden sinds ik jou zag.
Jouw manier van lachen
maakt dat je mij van de kaart bracht.
Alles is plots anders dan eerder
al zijn er geen echte verrassingen.
Wat ik voel is echt, moet je weten
al gaat het soms wel eens verkeerd.

Maar ze maakt me gek
zoals geen ander kan doen.
Ja, ze maakt me wild
met de dingen die zij met mij wil doen.

Zonder haar kan ik niet verder
alleen is maar alleen.
Niemand houdt er toch van
om eenzaam verder te gaan.

Want ze maakt me gek
zoals geen ander kan doen.
Want ze maakt me wild
vanaf die allereerste zoen.

Ja, ze maakt me wild
met haar mooie lichaam.
Ja, ze maakt me gek
zoals niemand anders kan doen.

WAT DOE JE DAAR?

Winnie, wat doe je daar?
Ik doe niets, papa.
Dat is dan ook niet veel!

GEBROKEN WIT

Nu dat de mist is weg gegaan
en het gordijn van waas snel optrekt,
wisten we dat het voorbij was
al voelde het net een droom.
Maar hij stond plots voor de deur
en schreeuwde alsof het een lust was.
Agenten, met getrokken pistolen,
rolden uit hun opgetrommelde wagens.
Zij wachtten net zo lang op een teken,
kon jij dat ook zien?
Zag jij dat teken gegeven worden?
Alsof het uit de hemel kwam vallen,
renden zij plots met volle draf vooruit.
Ik zag haar huiveren,
zij trilde over haar hele lichaam.
Ingetrapte deuren was het gevolg,
de gangen nauw en vol met mensen,
alleen voor een droom van ons.

Een lange geschiedenis van deze wereld,
waarin hij zijn broeder zag
vanuit het leven in het water tot op de aarde.
Toen sloot hij zijn ogen,
kon het gebeuren dan ook niet geloven.
Zijn moeder vertelde hem
dat zijn broeder wel weer terug zou keren.
Maar zij vertelde niet, dat de verandering was
begonnen.

Zag jij die verandering dan niet?
Zag jij hem dan niet uit de rivier komen,
hij stond plots daar en liep weg op een draf.
Ik zag hem huiveren,
hij trilde over zijn hele lichaam.
Hij zocht zich een schuilplaats,
het was donker en vol met mensen,.
alleen voor een droom van hem.

De straten waren bestraat voor hen,
ze gingen trouwen op een mooie dag.
De bruid had een stel witte handschoenen,
die lagen te rusten op haar schoot.
De witte koets reed gehaaid door de straten,
getrokken door 8 paarden met een witte dek.
Naast haar zat een witte bruidegom,
alsof hij niet zeker wist wat er gebeuren ging.
Ze trouwden en waren ziels gelukkig
en verdwenen met de stille trom.
Kon jij dat ook horen?
Hoorde jij dat getrom ook?
Zag jij ze ons niet lang na wuiven,
toen zij de weg afgingen?
Ik zag hen huiveren,
ze trilden over hun lichamen.
Ingestorte dromen was het gevolg,
het huis te klein en zo vol met mensen
alleen voor een droom van hen.

GEVLEUGELDE VRIEND.

Gevleugelde vriend, je vliegt zo laag
op de rug van de Zuiderwind
vlieg jij terug naar huis
al lijken jouw vleugelslagen
veranderd in harde staal.

En we leken zo rustig
en we schenen zo kalm
maar onder onze huid
leden wij slechts
de hele tijd door.
Omdat de wind ons
niet meer wilde dragen
Nu zijn wij hier in dit land
in een vergane glorie beland.

Dat was een eeuw geleden
wij barsten uit elkaar
lang, heel lang geleden
waren wij vrienden
nu slechts een paar
museumstukken

De vogel neemt de tijd
als hij zichzelf terug vindt,
wijd gevleugeld op zijn vlucht.
Want hij weet met zijn slagen,
dat hij snel zal aankomen.

En hij weet
dat zijn vrijheid
van korte duur kan zijn.
Te leven in een kooi,
omdat hij zich had vergist.
Zoals bij zijn moeder
toen zij hem verliet
en hem ver van alles achterliet.

Nu hij vliegt met de regen,
die tegen zijn veren slat,
herinnert hij zich plots
het moment dat
hij zijn vleugels uitsloeg,
al leek dit een eeuw geleden.
En al deze herinneringen
die op kwamen als de regen,
overvielen hem en zijn
gemoed werd zwaarder,
waardoor regen en tranen zich vermengden.

Zijn twee vleugels
werden als lood door de regen,
toch bleef hij vliegen.
Hij vloog boven de zeeën.
Hij vloog boven het land.
Hij vloog van het noorden naar het zuiden.

GEWEKT OF NIET?

Wek me (al zijn mijn dromen nog
springlevend)
Wek mijn geest, die door alles heen
kijkt
zijn ranke lijf in een veel te grote
verpakking
komt bloedend thuis.
Sla de intiemste passies neer,
die de mensheid onder u in stand houd.
Onverschillig wie de lach of de frons draagt,
of ook wie de mooiste is,
waarom nog verder leven, als je over alles spijt
hebt?
In het rijk van de dood, onder de stilte van het
geluid,
in het plekje waar je rust, is de adem ver te
zoeken.
Zoek en gij zult de adem daar nimmer vinden!
Een veraf graf is voor de mensheid het beste,
kijk dan in het rond en kies jouw stekkie,
pak dan ook de rest maar mee.

ALLER MOOISTE

Jij bent de aller mooiste,
althans voor mij.
Jij bent de aller liefste,
zeker na een vervelende tijd.
    Niemand kent de pijnen,
    die ik toen al had.
    Niemand kent de pijnen,
    vanuit mijn hart.

Maar jij vloog,
als in een droom voorbij.
En jij,
jij houdt van mij.
    Jij bent de aller mooiste,
    althans voor mij.
    Jij bent de aller liefste,
    en ik, ik ben bevrijd.

Niemand zag het,
toen ik je voor het eerst zag.
Niemand wist het,
dat ik meteen al om je gaf.
    Want jij, jij vloog,
    als in een droom voorbij.
    En jij,
    jij houdt van mij.

Jij bent de aller mooiste,
althans voor mij.
Jij bent de aller liefste
en ik, ik hou van jou.
  Niemand kent,
  de wereld waarin ik leef.
  Niemand voelt,
  de pijnen die dat geeft.

Maar jij vloog,
als in een droom voorbij.
En jij,
jij blijft staan naast mij.
  Jij bent de aller mooiste,
  althans voor mij.
  Jij bent de aller liefste,
  zeker na een vervelende tijd.

Want ik
was het spreken verleerd.
En ik
had me van alles afgekeerd.
  Toen vloog jij,
  als in een droom voorbij.
  En jij,
  houdt nog steeds van mij.

Naar: Such a woman van Neil Young.

GODIN

Hier sta ik dan
en gedraag me als een klein kind.
Ik weet werkelijk niet,
waarom ik mijzelf zo zielig vind.
Maar de veranderingen
die ik nu door moet maken,
wens ik niemand toe.
Een verborgen leugen
van iets wat nooit bestond
lijkt niet zo erg als het uitziet.
Maar ik ben jong
met nog zoveel dingen te doen
en ik ben van plan
deze met jou mee te maken.
Mijn gedichten zijn
gewoon als dromen die mij bezoeken.
Daarin praten wij
in gebroken zinnen en woorden.
Een ieder mag zich
gelukkig prijzen
er een paar te verstaan
Met jouw handen,
waarin zo veel magische krachten zit,
bewaarheid
al mijn intiemste dromen.
In mijn kristallen bol
vallen onze kleren als vallende bladeren.

en jouw lichaam
toont me al haar naaktheden.
Het ochtendgloren
verjaagt al de beelden
en het vindt me nog steeds wakker.
Een vogel zong
vrolijk gebekt een lied voor mij,
maar was verdwenen
voor de dageraad nakende was.
De prinses van
het donker maakte een grapje over
mijn sombere gevoelens
en verlaagde mijn intense treurnis.
Ik voelde haar zuchten
en begreep toen pas
de veranderingen die zij doormaakt.
Maar ik hoop dat liefde overwint
en dat ze alle veranderingen
met mij mee wilt maken.

GODSPEED

Is het een aardverschuiving of een simpele schok?
Is het gewoon versgebakken brood of een keiharde stok?
Is het om te huilen of een vreugdes scheut?
Is het pure tinnes of is het peut?
Ben ik nu het goede of ben ik slechts het slechte?
Is dit nu het onware of is dit het pure echte?

ZE GEBEUREN TOCH!

Er gebeuren zo veel dingen in je leven
ze gebeuren en gebeuren zonder een stop
en stort dan je wereld in elkaar
dan sta je er bij en kijkt er naar.
Ze gebeuren toch!

Er gebeuren zo veel dingen in je leven
ze gebeuren en gebeuren iedere dag
en sterft je gevoel dan af
dan sta je er bij en kijkt er naar.
Ze gebeuren toch!

Er gebeuren zo veel dingen in je leven
ze gebeuren en gebeuren zonder een lach
en sterft je geweten dan af
dan sta je er bij en kijkt er naar.
Ze gebeuren toch!

Er gebeuren zo veel dingen in je leven
ze gebeuren en gebeuren nog vandaag den dag
en sterf jezelf dan af
dan sta je erbij en kijkt er naar.
Ze gebeuren toch!

HET LEVEN IS HARD

Wanneer heb ik jou voor het laatst gezien
en waar ging je heen na het bombardement
ik struikelde en viel in een krater vol water
ik liep tegen de vijand op,die sloegen mij neer
ik zag even het licht, maar dat was snel weer verdwenen
toen viel ik in een zwart gat, gevuld met bittere tranen
want het leven is hars, zo hard,
zo enorm hard, het leven is hard van het begin tot het einde.

Wat heb je gezien in mijn donkere dagen
en waar ging je heen toen de vrede eindelijk kwam
ik zag veel bloedige lijken van miljoenen soldaten
ik zag de met goud geplaveide weg naar de hel
ik zag de bezetenheid in zijn volle lengte tegenover mij staan
ik zag de wereld aan stompzinnigheid ten onder gaan
ik zag het vergoten bloed als rivieren stromen
want het leven is hard,zo hard,
zo enorm hard, het leven is hard van het begin tot het einde

En heb je nog veel boodschappen gehoord
en hoe heb je daar dan op gereageerd
heb je gehoord hoe de bommen in straten insloegen

heb je wel gehoord al het gekrijs en gegil van de mensen
dacht je toen niet dat de wereldlangzaam verging
dat de inslagen leken te komen van drummers uit de hel
ik hoorde hoe het bloed de straten langzaam blank zette
want het leven is hard, zo hard,
zo enorm hard, zo hard van het begin tot aan het einde.

En wie heb jij daar op straat plotseling ontmoet
ja, wat was de naam van haar ook al weer
ontmoette jij niet een kind met een doodskop
zag jij niet dat de dood met haar liep
ontmoette jij niet een gezin dat in lichterlaaie stond
ontmoette jij geen mensen die vrede wilden
ontmoette jij niet iemand op wie je verliefd zou kunnen worden
want het leven is hard,zo \hard,
zo enorm hard, het even is hard van het begin tot aan het einde.

Wat ga jij nu doen nu je alles hebt gehoord
ja, wat ga jij doen nu de oorlog is gestreden
ik ga weer terug van waar ik ooit vetrok
ik ga terug langs hoge bergen en diepe dalen
waar de mens staat met lege gedachten en handen
langs gevangenissen en graven waar onze helden verblijven
waar de beulen onzichtbaar hun smerige zaken verhullen

daar waar er honger is en het zo altijd zal blijven
waar de nacht verlicht is en de dagen verdwijnen
want het leven is hard, zo hard,
zo enorm hard, het leven is hard van het begin tot aan het einde.

TELEFOON

Soms
zit ik
te wachten
op een telefoontje.
Dan zit ik
op de
punt van
de stoel
en biologeer
de telefoon.
Dan gaat
plotseling
de telefoon
over
en ik ren
naar het toestel.
Maar als ik dan
opneem
hoor ik niet
de stem van
haar.
Het is slechts
een verkeerd
verbonden maar.

DE STILTE

De stilte zit in mijn wezen
de stilte zit in mijn bloed
zij die de stilte immer vrezen
leven nimmer goed.

HET STANDBEELD

Een standbeeld
staat midden in een straat
van een superman
een grote man
waar vogels op zitten
of zo af en toe zitten te pitten
iedereen anders dan een mummiehoofd
alsof hij van zijn zinnen is beroofd
staren zijn ogen in het totale niets
als ik langs kom rijden op mijn fiets.
Het standbeeld
dat de lucht in tweeën deelt
staat fier en oprecht
maar zijn omvang is onecht
niets is zoals het werkelijk was
alleen de leegheid is echt.

De ontwerper
maakte het beeld veel sterker
dan de man in kwestie was
hij speelde met vuur en met het licht
zoals een dichter vaak over dicht.
De mensen die hem vaak passeren
zullen nooit iets van de geschiedenis leren
is het een compositie of slechts een droom
waarin de geest van het beeld in woont
de adem voorgoed opgesloten in stilte
vertoont tekenen van ijzige kilte

van leven en de dood
daarom is dit beeld ook zo groot
zijn imago zit hierin verstopt
dat zijn leven verteld wordt in een notendop
alleen de waarheid is onecht.

Een standbeeld
staat midden in de straat
van een kleine man
een superman
waar het licht op schijnt
de schaduw langzaam verdwijnt
de vogels hun behoefte op laten vallen
erosie verschijnt, gaten in grote getallen
betonrot waar je ook kijkt
niets dat ooit nog op hem lijkt
waar mensen aan voorbij lopen
en nooit meer op terug in de tijd hopen
waarin moord en doodslag hoogtij viert
waarin de mensheid wordt ontsiert
maar niets is zoals het werkelijk was
alleen de leegheid is echt.

HINDERNISSEN

Er zijn vele hindernissen
maar ik weet nooit
welke ik moet nemen.

Was ik van het pad gegaan,
toen ik onvermoed langs
een ravijn van gedachten liep?

Er zijn vele hindernissen
en het is alleen aan mijn wil
dat ik me er niet instort.

Ik ben door de dood gekust,
geknuffeld voor het leven,
maar nauwelijks overwon ik
door het kruispunt van mijn leven.

De eenzaamheid laat me niet met rust,
het blijft maar om me geven.
Door iedereen verlaten zonder een waarom
koos ik het kruispunt van het leven.

Er zijn veel kruispunten
vanwaar je leven begon
slechts geduld door Vadertje Tijd.

Wanneer ik mezelf zal vinden
en ik een verbintenis aanga

door een kruispunt te nemen zonder spijt.

Want geen hindernis of kruispunt laat me alleen,
beiden blijven maar om me geven.
Door iedereen verlaten zonder een waarom
koos ik een kruispunt in mijn leven.

ALS DE NACHT WEER INVALT

Als de nacht weer invalt
en het licht haar ogen sluit,
dan zou ik de maan willen zijn,
als de zon is ondergegaan.
Dan ben ik bij je, mijn lief,
en laat ik je weten, dat ik in de buurt ben.

Als de nacht weer invalt
en het licht haar ogen sluit,
dan zou ik een merel willen zijn,
die, al zingend, zijn snavel open liet staan.
Dan zong ik voor jou alleen het hoogste lied
en geef ik je een teken om trots op te zijn.

Als de nacht weer invalt
en het licht haar ogen sluit,
dan zou ik een deinende boom willen zijn,
die gevoed wordt door zijn tranen.
Dan zouden mijn bladeren jou kunnen beschermen
tegen de zonnestralen en de kou.

Als de nacht weer invalt
en het licht haar ogen sluit,
dan zou ik de oceaan willen zijn,
zo diep en wijd, door het opvangen van al jouw
tranen.
Waarin jij dan zou kunnen zwemmen
en ik om je heen ben, omdat ik van je hou.

Als de nacht weer invalt
en het licht haar ogen sluit,
dan zou ik de regenboog willen zijn,
die met al zijn kleuren je blijft omgeven.
Die je verwarmt alleen al door het schijnen
en wiens stralen jou alleen maar kunnen raken.

Als de nacht weer invalt
en het licht haar ogen sluit,
dan zou ik een rivier willen zijn,
om zo al jouw tranen op te kunnen vangen,
zodat jouw verdriet snel zal verdwijnen
en je tot een ander mens zal maken.

Als de nacht weer invalt
en het licht haar ogen sluit,
dan zou ik een zuchtje wind willen zijn,
die jouw ogen af zal drogen na een vernietigende
storm,
zodat het geen spoor bij je achter zal laten.

KERSTMIS TE ALLE TIJDEN

Diegene die vandaag den dag
nog durft te zingen over vrede
zijn kinderen in de hand van de
oneindigheid.

Ouderen die zich nog goed
kunnen herinneren de dagen
van oorlog, deernis en honger
sterven uit.

Hopend op een langdurige vrede
in het hart, opdat hun kinderen
en kleinkinderen een gelukkig
leven leiden.

Zoals het kerstverhaal vertelt
over een kindeke geboren in
een stal, gelegd in een kribbe
voor ons allemaal.

Geboren in een wereld van dood,
zo'n twee duizend jaar geleden.
Gehoopt op een onuitsprekelijke
vrede met beelden in ons van

onverholen heimwee naar de
dagen van voor de geboorte.
Het zal straks eenzaam sterven.

maar kijkt toch vrolijk tegen het

leven op, kijkt met andere ogen
de wereld in.
Het kan niet anders, het is zijn
gegeven, kijkt anders tegen de

armoede aan die hem omringt en
geeft de mens een keuze.
Het hoopt op een verstandige keuze,
maar de mens kijkt weg en vindt dat

het verantwoordelijk is voor de staat
waarin zij verkeren.
Donkere nachten, hulpeloosheid, de
zorg van een moeder, het serieuze

van een vader met de rust van de
omliggende dieren.
De rust ook omdat dieren niet kunnen
praten, wijzen ook geen schuldigen aan,

die hebben niets dan weerloze, vragende
ogen.
Zij ademen het geduld van de aarde uit,
zij hebben alle tijd, hebben geen haast,

eten alleen wat zij op kunnen voor de dag
en verteren rustig het eten tijdens de slaap.
Onder het alziende oog van een ster,
hoog, fel geflonker, de mensen spreken

over de Morgenster, de Ster van de Geboorte.
De nacht is bijna voorbij, de dag zal nieuws brengen,
misschien over de vrede en kan je daarom zingen,
voorzichtig en zachtjes dat de oorlog je niet hoort.

Dan zal het wraak nemen met kanonnen gebrul,
als een leeuw die op punt staat van het bespringen
van zijn prooi. Zing maar rustig over vrede
en slaap je onschuldige droom.

KIJK UIT, MOEDERS

Kijk uit, moeders,
de boot waarop je zit
zal snel omslaan.
De golven zijn hoog
en het zicht is slecht.
De boot die
je naar je laatste
plaats brengt zal
immers in de golven
verdwijnen.
Het heeft het
verleden al lang
ingehaald.

Kijk uit, moeders,
daar komt een heel
groot schip aan.
Dat schip vaart
straks compleet
over jullie heen.
Het heeft een rode
boeg, met zwarte strepen,
met mannen zonder ogen
die niets kunnen zien.
Het roer staat laag,
het dek is van
zacht plastic gemaakt.

Zou vader hier
nooit iets over hebben
gezegd, mam!
Of is zijn stem
al jaren uitgedoofd.
De kracht die hij
ooit eens aan ons toonde
is omgeslagen als
een golf midden op zee.
Vraag je je nooit af
waarom die golven nooit
eens breken.
Met vaders wapen
voel ik me nu een stuk beter,
al weet ik
dat jij hier niets van vindt.
Hij zei ooit eens
jij moet het zelf maar weten,
en al weet ik
hij vond mij maar een kind.
Maar bij het eerste schot
nam hij snel de benen.
De angst stond diep
in zijn donkere ogen te lezen
en was in de donkere nacht verdwenen.

Ik waak nu met
alle macht over de zinloze kracht
voor al het geweld
schuil ik liever diep in de grond.
Bedek me met de
woorden vol van liefde

geen vinger raakt
de trekker ooit nog aan.
Want, moeders, die
boot zal ook ooit voor
mij komen, het legt
dan aan de
lege kade aan.

Zou de boot mij
dan nog willen opnemen
of laat het mij
in de koude staan.

Maar, moeders, kijk
uit het schip gaat gevaarlijk
op en neer.
De golven zijn hoog,
je hebt te zwakke benen.
De boot brengt jou naar je
laatste rustplaats,
maar door de golven
zien wij de weg
al lang niet meer.
Het heeft het
verleden immers
ingehaald.

KONINGIN VAN LANG GELEDEN

Geplukte zwarte bessen en eikenhout met strepen,
laudanum met aloë bladeren
besmeurd was de indiaanse tipi
door een eenzame wolf.
Uit haar haren steeg een parfum op,
die mijn neusvleugels streelde:
het was als een balsem voor het lichaam
op de top van een berg, als een sokkel
met uitzicht op de lome golven van de zee,
waar de boomtoppen nauwelijks aangeraakt
door een luie wind, die vermoeid
haar adem over de bomen laat gaan
verloren door een zachte, huilende maan
om haar half verloren terrein weer
terug te winnen.

Een neergedaalde zachtheid
van eeuwen geleden, gewond
door zo veel verloren woorden
die als neergelaten wolken stof
zich eens ontrolde,
als versnipperde adem, als
een waterige wolk
door gesloten harten opgenomen
met een stilzwijgende eed
zoals het in die dagen moest
hing als een steen om haar nek
gedragen door muziek van een luit,

vertelde het droevige verhaal
toen ze nog jong was,
reeds lang overleden,
en een koningin was.

DE ROOS

Zij is een roos
die ons zal leiden
door de donkere nacht.

Zij is een roos
die onze weg zal beschijnen
opdat zij op ons wacht.

Heel de aarde
zal het moeten weten
wat zij ons heeft bedacht.

Zij is een roos
die bij ons zal blijven
die ons veel vreugde heeft gebracht.

Zij is een roos
voor al diegene
die zij haar vriendschap bracht.

Op de grond
waar zij mocht bloeien
wordt de schoonheid snel verwacht.

Zij is een roos
die bij ons zal blijven
die veel liefde heeft gebracht.

Heel de aarde
zal haar nooit vergeten
daarom, lieve roos, rust zacht.

Ter nagedachtenis aan mijn schoonmoeder, 6 maart 2000

GEBED VOOR EEN GEVALLENE

Heer, wij staan hier en smeken een bede af.
Wij weten niet wat voor geloof hij had.
Misschien geloofde hij wel in het kruis
of in de Hemel of in een ster.
Of misschien wel in de zon.
Toch zijn we hier om een bede af te smeken
en we smeken af om zijn ziel genadig te zijn.

20-02-1969

(uit gedichtenbundel Vietnam), maar nog even actueel.

HERINNER DE DAGEN

Herinner de dagen, de dagen van weleer
dat het uitgebluste leven weer tot leven was
gekomen.
Spijt hierover kwam dan telkens weer
en achtervolgde je tot diep in je dromen.

Herinner de dagen, al zijn ze tot rafels versleten,
dat geluk je niet is komen aanwaaien.
En zowel jij als je partner mogen nimmer vergeten
dat het leven alleen om liefde kan draaien.

HERINNER DEZE DAGEN!

Herinner deze dagen!
De dagen dat het bloed door je aderen stroomt.
Herinner en behoudt het voor eeuwig
en jaag je dromen na.

Herinner deze dagen!
Twijfel niet over dingen die je zag,
waarvan je denkt dat je het nooit vergeten zal!
Herinner, het verdwijnt vanzelf.

IK SPRAK MET DE WIND

Twee vrienden zitten op een bank
vraagt de één waar de ander was.
Ik was overal en nergens
en soms was ik er tussen in.
Daar was ik ook al, zei de één,
maar jou heb ik daar niet gezien.
Misschien was ik wel aan de andere kant,
wel op een plaats of tien.
Daar sprak ik met de wind,
die mij in de oren blies
en mijn woorden met zich mee droeg.
De wind sprak met mij,
maar hoorde mij niet.
De wind wilde mij niet horen.
Soms, als ik helder ben, kijk ik naar binnen
en weet je wat ik dan zie?
Ik zie veel desillusies en veel verwarring,
niet alleen om me heen maar ook van binnen.
Maar mijn geest neemt geen bezit van mij,
het imponeert me in het allerminst.
Het zet alleen mijn denken op zijn kop,
geeft geen leiding, neemt nooit een besluit,
het misbruikt gewoon mijn kostbare tijd.
Dan spreek ik weer met de wind
die in mijn oren blaast
en mijn woorden met zich mee draagt.
De wind spreekt dan met mij,

maar hoort mij niet.
De wind wilde immers mij niet horen.

JEUGDHERINNERING

Toen ik nog jong en onervaren was
vroeg ik aan mijn moeder
hoe het hebben van een vriendin was.
Word ik gelukkig
of word ik gedeprimeerd,
dit is wat zij mij toen heeft geleerd.
Het komt zoals het komt, mijn kind,
de toekomst zelf blijft altijd ondoorgrondelijk, naar wat ik vind.
Wat jij er zelf ook van verwacht,
is datgene, wat de toekomst jou heeft gebracht.

Toen ik nog op school een leerling was,
vroeg ik aan de meester,
die vooraan stond als hoofd in de klas.
Word ik een zwerver
of word ik zeer geleerd,
dat is wat hij mij toen heeft geleerd.
Het komt zoals het komt, mijn kind,
de toekomst zelf is ondoorgrondelijk, naar wat ik vind.
Wat jij er zelf ook van verwacht,
is datgene, wat de toekomst jou heeft gebracht.

Toen ik opgroeide en ik kreeg een vriendin,
vroeg ik haar of
alles reeds vaststond, tegen beter weten in.
Is het een feest, dag in, dag uit

of loopt alles niet zo gesmeerd,
dit is wat zij mij toen heeft geleerd.
Het komt zoals het komt, mijn kind,
de toekomst zelf is ondoorgrondelijk, naar wat ik vind.
Wat jij er zelf ook van verwacht,
is datgene, wat de toekomst jou heeft gebracht.

Toen ik een dag in het leger was,
zei een dikke sergeant
de grootste leugen, die er ooit was.
In het leger word je een man,
vreedzaamheid is te slap en verkeerd,
dit is wat ik hem toen heb geleerd.
Het komt zoals het komt, mijn kind,
de toekomst zelf is ondoorgrondelijk, naar wat ik vind.
Wat jij er zelf ook van verwacht,
is datgene, wat de toekomst jou heeft gebracht.

Nu ik werk en een gezin heb,
vraag ik mij nog vaak af
of het verleden de toekomst heeft genekt.
Was ik wel gelukkig
of alleen maar sterk gedeprimeerd,
door hetgeen ik als kind al heb geleerd.
Het komt zoals het komt, mijn kind,
de toekomst zelf blijft ondoorgrondelijk, naar wat ik vind.
Wat jij er zelf dan ook ooit van hebt verwacht,
is zeker niet wat de toekomst mij heeft gebracht.

DE MUUR DER VERGETELHEID

De oude man loopt een eindje en komt bij een muur
een muur die hij wel moet passeren
wil hij verder lopen op deze zomerse dag
al doen zijn voeten zeer van verkramping
en zijn zijn ogen niet zo scherp meer.

Een lichtflits dwingt de nacht even te wijken
zijn kleren zijn plots verscheurd
vanaf de muur kan hij over velden kijken
zijn ogen doen zeer door het grazige groen
in rijen van tien komt het aangevlogen.

Nu wat maakt de stakker armer,
waarom beven de spreeuwen onder hun vleugels?
Het lichaam, de littekens er door verweven,
nog nooit door iemand naakt aanschouwt
met onder de kleren slechts een grote ledigheid.

Maar toch! Zijn hart is groter dan zijn geest
het druppelde langzaam uit hem bij iedere stap
terwijl een zachte stem hem deed huiveren
omdat het hem aan vroeger deed denken,
in de dagen dat hij nog alles kon.

Maar nu wordt de muur langzaam opgebouwd
en is de rol van zijn leven bijna uitgespeeld.
De tijd tikte langzaam zijn laatste seconden
terwijl de muur het ritme de maat aan gaf,

dat door vergetelheid werd gedoofd.

WINTERTIJD

Toen de winter kwam
en de sneeuw dwarrelde naar beneden.
De wereld werd langzaam wit
en de meeuwen schreeuwden ontevreden.

Ik lig in mijn bed,
terwijl het buiten aan het sneeuwen is.
Ik denk daar veel aan jou
en vraag me af of je me nu al mist.

Mijn hart wordt rusteloos,
als ik terugdenk aan wat we beleefden.
Ik sta ook even stil
op mijn lange reis naar het verleden.

Zal ik je ooit nog zien
en ben ik veel in jouw gedachten.
Sta dan ook even stil
bij al die momenten, die wij samen doorbrachten.

Ik ga verder terug
en zie mijn jeugd weer verschijnen.
In een heel groot huis
met veel kamers, ramen en gordijnen.

Er kwam een kind in voor,
die als twee druppels water leek op mij.
Die aan het spelen is,

die nog zorgeloos is, spontaan en blij.
Ja, die tijd was mooi
en het is een lange tijd zo blijven gaan.
Tot aan het wat ouder worden,
toen was het plotseling met de rust gedaan.

Mijn hart wordt rusteloos,
als ik weer aan die tijd terug moet denken.
De stilte slaat hard toe,
ofschoon het me geen echte vrede kan schenken.

Die onrust bleef lang aan
en ik veranderde en werd heel gesloten.
Tot jij bij me kwam
en met een sleutel maakte je mijn hart open.

Dat maak ik allemaal mee,
op die reis naar mijn verleden.
Ik kom langzaam bij
en verkeer dan opeens weer in het heden.

Waar ben jij vandaag
en hoef ik niet lang op je te wachten ?
Als je bij mij komt,
dan zal dat heel veel pijn kunnen verzachten.

Ik blijf dan dicht bij jou,
tenminste als je hier bij mij blijft.
Dan gaan we samen op reis
naar ons verleden en terug in de tijd.

Jij komt de kamer binnen

en kijkt me uitdagend lachend aan.
Je komt naakt naast me liggen,
je zegt geen woord, maar hebt het licht uit gedaan.

Buiten sneeuwt het nog steeds
en de sneeuwvlokken dwarrelen naar beneden.
De wereld is nu wit,
terwijl de meeuwen ontevreden schreeuwen.

HET INNERLIJKE GEVECHT

Het groen wat je in een flits hebt gezien,
dreef voorbij in een seconde of tien.
Het innerlijk gevecht binnen in bij jou
veranderde de wereld in een tint van blauw.
In een donderend geraas stortte het naar beneden,
omsingeld door ijzig water kon het niet meer tegen.

En in de lucht schijnt alles nog goed,
zoals dat ook van Jupiter moet.
Het overweldigende groen wat je in een flits hebt
gezien,
veranderde binnen een seconde of tien.
Zodat het innerlijk gevecht binnen in jou
veranderde alles in een tint van blauw.
In een oorverdovend geraas stortte het naar beneden,
want het kon niet meer tegen de kou tegen.

IJzig water neemt bezit van al,
dat binnen haar klauw komen zal.
Het vriest, het kraakt al het leven plat,
het gras sterft af en dat was dat.
Maar het overdadige groen wat je hebt gezien,
bleek kleurloos na een seconde of tien.
En het innerlijk gevecht binnen in jou,
veranderde alles in een tint van blauw.
En in een oorverdovend geraas stortte het naar
beneden
en kwam zichzelf weer als groen tegen.

VERWELKOMING

Breng me weg
tot aan de weg
keer dan om,
maar ga niet
te snel terug.
Zwaai naar me,
naar iedere ster
die je tegenkomt.
En heeft mijn licht
jou dan thuis gebracht,
dan geef jij mij
een zetje in de rug.
Zodat ik zeker weet
dat je mij hebt verwelkomd.

VINDT ME

Het is tijd voor mij om te gaan
maar ik zeg geen vaarwel
kijk naar me
in iedere regendruppel
vind me
in iedere golf in de zee
zie, ik span
de regenboog voor jullie
en in het ochtendgloren
hoor dan mijn stem
in het zingen
van de vogels.

DE LAATSTE DAG

Dit is wat er gebeurd is:
We bestormden onze idealen
voor een dag of drie
op het paard zat de kapitein
hoog boven ons verheven
als een koorddanser
hoog ,boven de grond
de wind begon op te steken,
waaide woest door onze haren.

Het brak mijn gedachten
zover deze ook mochten reiken
de kapitein leidde onze troepen
dwars door de regenboog heen
onze gebroken geweren
sloegen op de vlucht,
hard rennend op hun clowneske schoenen
tot ze een duistere afgrond vonden.

Toen kwam plots uit het niets
een duveltje uit een doosje
met een glimlach om zijn open mond,
waarin beelden als op een film
vertraagd werden afgespeeld
maar even helder als de dag
alsof het pas geschied was
in een scene of vier.

Toen sprak de kapitein tot zijn groep
“Was dit alles wat er was?”
En op een open vierkante plein
werd het schavot opgebouwd,
te gebruiken voor de volgende dag.
De kapitein opende zijn ogen,
keek ons langdurig aan
met intense blikken van vuur.

De beul betrad het schavot,
gevolgd door de leider van onze groep,
bekeken door vele tranende ogen
en ingehouden adem en woede.
“Heb je nog wat te zeggen?”
vroeg de lijzige stem van de beul.
De kapitein schudde zijn hoofd
en viel met een smak door het luik.

DE LAATSTE REIS

Zij die zijn gestorven hebben een lange weg gegaan,
maar wie zegt hen welke weg zij moesten gaan.
Haar plaveisel is het laatste wat je meemaken wilt,
zij laat immers zich van haar onsterfelijke kant zien.
Moeders, vaders, ja zelfs kinderen zijn deze weg gegaan
en zij die je het liefst dicht bij je houden wilt.

Zij die met een ingehouden lach de laatste adem uitblies,
omdat het sterven slechts een seconde duurde.
Maar wat als je nog niet klaar bent voor de dood,
wordt dan je angst als een monster zo groot?

Zwijg! Het is Hij die alles maakte aan je zij
die de weg leidt naar het paradijs.
Alle mensen eens geboren uit de schoot van hun moeder
zijn op zichzelf teruggeworpen op deze reis.

DE DOOD

Onder het Hemelse Paradijs zwerft de Dood.
Over de wegen rijdt Hij op zijn overwonnen ros.
De mensen knielen voor Hem neer, maar Hij kijkt niet naar ze op.
De oorlog viert weer hoogtij, zijn werk heeft hem in bedwang, vol-op.
De rivieren, bomen, het gras kleurt met bloed fel rood.
De mens is weer bezig aan een zinloze oorlog en derft dus de Dood.

Weer mensen afgeslacht, mensen die rein zijn en onschuldig.
De mensen, onderdrukt als ze zijn, kennen nog één uitweg.
Vechten voor vaderland, vrouw en kind. Dood aan hen, want de vijand is slecht.
Is dat geen nobele strijd? Misschien betekent het het einde van een oorlog.
Maar hoe beperkt is de overwinning, vergeleken met de miljoenen doden,
gedood in een zinloze oorlog gevoed door een handjevol mensen.

Geen mens kent het enigste nut van het leven of wil dit niet kennen.
Je leven voor de Vrede voor de mensen in het algemeen te willen geven,

geen nobelere Dood zou ik mezelf en anderen toe willen wensen.
Te sterven zonder enige strijd te hebben hoeven geven.

23-03-1969

(Uit gedichtenbundel Vietnam)

ZOETE DROMEN

Als ik mijn ogen 's nachts sluit
al is het maar voor heel even
dan hoor ik zachtjes het spelen van een fluit
dat aangevuld wordt door een koor van het leven.

In al mijn zoete dromen
die ik dan droom voor tien
die dan plots voor mijn ogen komen
maar jij kan er helaas geen van zien.

Het is steeds weer hetzelfde liedje
als een spatje uit een grote oceaan
of als een madeliefje, een vergeet-me-nietje
die bloeiend in een groene weiland staan.

Al wat ik nog kan doen
is gaan liggen op de koele grond
of is het geven van een zoen
of het lusteloos op een paard rijden in het rond.

Ik blijf dan nimmer steken
want niets heeft het eeuwig leven
alles zal eens gaan verbleken
dat is helaas een droevig gegeven.

Maar als ik 's nachts mijn ogen weer sluit
al is het maar voor heel even
dan hoor ik weer het spelen van die fluit

en komen mijn dromen weer tot leven.

In al mijn zoete dromen
die ik dan droom voor tien
die dan plots voor mijn ogen komen
maar jij kan er helaas geen van zien.

HET GA JULLIE ALLEN GOED

Vrienden waren we in onze jeugd, lang geleden.
Vurig verlangen deden ons geen goed en
de constante druk vernietigde onze gedachten.
Het leven is te wispelturig en de jeugd is ijdel.
En onze wens om met iemand samen te zijn
werkt als een boemerang in onze brein.

En mocht je toch niemand vinden
om je hart te beschermen van veel pijn-
ze stonden om je heen geschaard te kijken
tot de angst het van je overwon,
als een woelige zee in een overwoekerde teil
waar geen warmte meer te vinden was,
de kou geen vat meer op je hebt,
geen donderslag meer is bij heldere hemel,
noch dat vorst je kan omarmen-
laten wonden achter die nooit meer helen.

Het ga jullie goed
en is dit het laatste wat ik zeg,
dan zeg ik voor altijd
het ga jullie goed.

VAARWEL

Vaarwel was mijn laatste zucht
op een ieder's gezondheid wil ik klinken
spoedig zweef ik als een engel door de lucht
daarom laten we hier nog wat drinken.
Laat geen ijdelheid jullie er van weerhouden
van het laten van een traan.
Als ik alles goed heb begrepen en dus is weer
gegeven
zeg ik alvast vaarwel, ik zal spoedig van jullie gaan.

Mijn lippen zijn gesloten, mijn ogen droog
maar in mijn hart en in mijn geest
is nog genoeg leven, veel te veel voor de weg naar
omhoog.
Mijn gedachten zijn nog slapeloos om er te zijn
geweest,
mijn ziel is nog gewillig zonder te zeuren,
nog veel te rebels nog te vol van passie
van jou te houden was iets om me op te beuren
en voel ik oprecht een vaarwel en adieu.

GEDRONKEN MOET ER WORDEN

Bier drink ik met mijn mond
mijn lief verschijnt in mijn ogen
dat staat vast en dat is zeker
voor we oud en grijs worden
en zullen sterven.
Ik zet de fles aan mijn mond
en drink hem in één teug leeg
jij kijkt me aan en lacht
ik kijk naar jou en zucht.

MIJN BESTE GEBED

Vaarwel! is mijn beste gebed
tegenover anderen wel te verstaan
ikzelf zal verdwijnen in de lucht
dus roep mij aan in mijn laatste
vlucht
het is ijdel om wat te zeggen, huilen of te
verzuchten:
wat kunnen tranen of bloed ons nu nog zeggen
als het door schuld en schande wordt
gevoed
in de stervende ogen staat
geschreven
Vaarwel! Het ga jullie goed!

Mijn lippen zijn gesloten, mijn ogen gebroken
maar in mijn lichaam en in mijn
hersenen
waakt al het pesten dat nooit over zal
gaan
de gedachten alleen al kunnen nooit
inslapen
Mijn ziel noch mijn vruchten zullen durven te
klagen
al heeft het leed en passie nog de overhand
ik weet slechts dat liefde meer dan ijdel
is
dat in de stervende ogen geschreven

staat:
Vaarwel! Het ga jullie goed!

MIJN OVERJAS

Mijn overjas is gemaakt van muziek
overladen met sleutels en noten
vergaan zoals in de mythologie
door monsters opgevroten
maar de gek zoals ik ving het op
en droeg het door de ogen van de wereld
als de spleten in de lucht
speelden de wolken violen
en vermaakten zo de Goden
door naakt te vliegen.

ERFENIS (REPRISE)

Hé, hé, wat ik je zeg,
al die muziek in mij is echt.
De woorden komen één voor één,
toen het hemelse licht op jou scheen.

Zo maar plots weer op te leven,
is een feit en een gegeven.
De duisternis, die tot dan toe heeft geheerst,
heeft me plots de rug toegekeerd.

Dus weer terug in het blauw,
naast al die tomeloosheid van jou.
Je geeft me al zonder iets terug te vragen,
zodat ik jou op mijn handen zal dragen.
Al is de grens vaak ver overschreden,
toch hoort de duisternis tot het verleden.

De nacht is weg, maar niet vergeten,
het maanlicht opgedroogd en versleten.
De zon blijkt plots fel te schijnen,
zodat de duisternis wel zal verdwijnen.

De nacht, gedragen op de storm,
verdwijnt en kijkt niet weerom.
Al is het weg, het is niet vergeten,
het maanlicht opgedroogd en versleten.

Hé, hé, wat ik je zeg,
alle muziek in mij is echt.
Al die duisternis, waarop ik kon bogen,
is langzaam verdwenen voor mijn ogen.

EINDE

NAGEDICHT 1:
VOOR ONS 1STE KLEINKIND.
STIPJE. (MELISSA, GEBOREN, 12 MAART 2009)

Niemand heeft nog weet
van wie je bent of hoe je heet.
Je zit nog veilig opgesloten
in je moedersbuik en
deint mee op de ritme van het leven
jou door de Grote Geest gegeven.

Je bent nog niet veel groter dan een stip
in een eindeloos en oneindig lijkende wereld.
De dagen zijn nu nog allen hetzelfde
maar zullen spoedig veranderd zijn.
Dan ga je groeien en weldra
ben je volmaakt uitgegroeid tot mens.

Een mens van vlees en bloed
die zijn eigen grenzen gaat ontdekken.
Zo zul je zien dat de wereld
uit twee gedeelten bestaat.

Een dag met licht en zonneschijn
en een nacht die koud en koel kan zijn.
Maar voor jou geldt dat nog niet,
jij zit nog warm en veilig in je moedersbuik.

Voor jou zijn de dagen nog eender,

voor ons is het nieuwsgierig wachten begonnen.
Want niemand heeft nog weet,
van wie je bent of hoe je heet.

Liefs,

Opa en Oma

NAGEDICHT 2: VOOR ONS 2DE KLEINKIND: STREEPJE. (MATHIJS, GEBOREN 25 NOVEMBER 2009)

Hallo Streepje,
zo plotseling ontstaan
zonder het te weten
het was een ieder ontgaan.

Hallo Streepje,
het is waarlijk een wonder
9 maanden moeten wachten
voor ons ben je al bijzonder.

Hallo Streepje,
wij groeten jou zeer
jij bent nu ons kleinkind
voor eeuwig en meer.

Wij tellen al jouw vingers,
wij tellen al jouw tenen,
en komen tot tien.
Wij tellen nu jouw handen,
wij tellen nu jouw voeten,
nog nooit zo een schoonheid gezien.

Hallo Streepje,
lig maar rustig en wacht
tot de tijd is gekomen

dat jij komen mag.

Hallo Streepje,
een klein bolletje dons
twee ogen die lachen
wees welkom bij ons.

We tellen al jouw vingers,
wij tellen al jouw tenen
en komen tot tien.
Wij tellen nu jouw handen,
wij tellen nu jouw voeten,
nog nooit zo een wondertje gezien.

Liefs van Opa en Oma.